DIE
Fünfziger
JAHRE

MacARTHUR

James Lescott

DIE Fünfziger JAHRE

Das bewegte die Welt - Dokumentationen eines Jahrzehnts auf DVD

Parragon

Bath • New York • Singapore • Hong Kong • Cologne • Delhi
Melbourne • Amsterdam • Johannesburg • Auckland • Shenzhen

Entwurf und Realisation: Endeavour London Ltd.
21–31 Woodfield Road
London W9 2BA

Unser Dank gilt dem Team von Endeavour London Ltd. – Jennifer Jeffrey, Kate Pink, Franziska Payer-Crockett und Liz Ihre.

Parragon Books Ltd
Queen Street House
4 Queen Street
Bath BA1 1HE, UK

Realisation der deutschen Ausgabe: trans texas publishing, Köln
Lektorat & Projektmanagement: Nazire Ergün, Köln
Übersetzung aus dem Englischen: Heinrich Degen, München;

ISBN 978-1-4454-5425-2

Printed in China

DVD produced by Getty Images.
Laufzeit der DVD ca. 30 Minuten

Umschlagbilder im Uhrzeigersinn, beginnend oben links:
Endspiel der Fußballweltmeisterschaft 1954 in Bern zwischen Deutschland und Ungarn. © Getty Images
Eine Weitwinkel-Aufnahme des Guggenheim-Museums 1959 in New York. © Time & Life Pictures/Getty Images
US-Soldaten des 187. Regiments im Koreakrieg, 1951. © AFP/Getty Images
Ernesto Che Guevara, 1959. © Time & Life Pictures/Getty Images
Bombardierte ägyptischen Straßen während der Suezkrise, 1956. © Getty Images
Die USA zünden 1952 die erste Wasserstoffbombe auf dem Eniwetok-Atoll der Marshallinseln. © Time & Life Pictures/Getty Images
Astronaut Donald „Deke“ Slayton 1959 in einem Trainingssimulator für den Orbit. © Time & Life Pictures/Getty Images
Präsident Dwight D. Eisenhower erläutert seine Entscheidung, sich 1956 zur Wiederwahl zu stellen. © Time & Life Pictures/Getty Images
Marilyn Monroe auf einem Standbild für den Film „Blondinen bevorzugt“ 1953. © Time & Life Pictures/Getty Images
Bild in Umschlagmitte: Elvis Presley 1956 auf einem Werbefoto für seinen Film „Pulverdampf und heiße Lieder“. © Getty Images

Alle Abbildungen mit freundlicher Genehmigung von Getty Images und den Fotografen, die Getty Images vertritt:

20th Century Fox: 14, 126; Agence France Presse: 99, 105–107, 109–110, 124, 146, 178, 182, 208(o), 242–243; CBS Archives: 171; Columbia Pictures: 121, 248; Daiei Studios: 16; Ernst Haas: 36; MGM: 54–55, 84, 249; Paramount Pictures: 15; Ponti-De Laurentiis Cinematografica: 120; Roger Viollet: 250; Time & Life Pictures: Frontispiz, 8–13, 15, 17(u), 18–21, 24–27(u), 29, 32–33, 47, 50, 52, 62, 72, 78, 82–83, 85–86, 96–98, 100–103, 112–113, 116, 119, 121, 125, 128–129, 133, 135–137, 141, 144–145, 152–156, 160–161, 164–165, 170, 172, 174–175, 187–189, 192–193, 195, 198(o), 202–203, 207, 211, 215, 218–219, 224, 226–228, 230–237(o), 238, 240–241, 244–248, 252, 255; Ultramar Films: 17(o); United Artists: 17(u), 56, 85; Warner Brothers: 57, 149

Seite 7
Die Besucher drängen sich am Stand von Ford auf der Automobilausstellung in Paris, 22. Oktober 1956. Sie bewunderten den Firebird II, ein futuristisches Auto mit Titankarosserie und Gasturbinenantrieb.

Frontispiz
General MacArthur ruft seine Befehle vom Flaggschiff *USS Mount McKinley*, als seine erste Marinedivision den Brückenkopf bei Incheon, Korea, am 15. September 1950 angreift.

Inhalt des Buches

Inhalt der DVD

Vorwort

Die 1950er waren ein Jahrzehnt des Übergangs zwischen alten und neuen Welten. Allmählich legte sich Staub auf die Ruinen des Zweiten Weltkrieges, neue Wohnungen für die breite Bevölkerung entstanden. Die Bundesrepublik Deutschland wurde weitgehend als souveräner Staat anerkannt und Japan wieder in die Staatengemeinschaft aufgenommen. Man produzierte weniger Waffen, dafür Autos, Motorroller, Küchenherde, Fernsehgeräte und Schallplatten. Die ersten Supermärkte eröffneten, und das Junkfood tauchte auf. Cafés waren sehr beliebt. Die Schaufenster füllten sich mit preiswerter, schicker Mode, als immer öfter die Kreationen der großen Designer kopiert wurden.

Politisch gesehen, lösten die Fünfziger einige der alten Probleme und schufen eine Reihe neuer. Die Sueskrise versetzte dem Britischen Empire den Todesstoß. Der Indochinakrieg vertrieb die Franzosen aus Südostasien und schuf Nord- und Südvietnam. Ein junger Anwalt namens Fidel Castro führte die Revolution an, die dem korrupten Batista-Regime in Kuba eine Ende setzte und „im Hinterhof der USA" einen kommunistischen Staat errichtete. Wie so viele Konflikte endete der Koreakrieg ohne wirkliche Lösung, und die zugrunde liegenden Streitfragen sind auch 50 Jahre später noch aktuell.

Die abstrakte Kunst florierte, der Surrealismus bestand fort, die Architektur entdeckte organische Formen, und die serielle Musik überraschte mit ungewohnten Tönen. Unter Rodgers & Hammerstein bekam das Broadway-Musical opernhafte Züge, während die Orchester von Stan Kenton und Duke Ellington zunehmend symphonisch klangen. Der Rock 'n' Roll brachte die Wände zum Beben, mit heftig zuckenden Akteuren auf der Bühne und wild kreischenden Fans im Publikum. Der King Elvis Presley hatte sein Debüt, und *Heartbreak Hotel* wurde zu einem Millionenseller.

Hollywood wehrte sich erfolgreich gegen den Konkurrenten Fernsehen mit Stereosound und Breitwandfilmen. Die Zeitungen florierten. 1950 wurde wieder eine Fußball-WM ausgetragen, 1952 und 1956 fanden Olympische Spiele in Helsinki und Melbourne statt. Zuschauer strömten auf Rennstrecken, in Boxarenen und Sportstadien. Golf sollte noch einige Jahre ein Altherrensport für Begüterte bleiben.

Und über allem schwebte wie das Schwert des Damokles die Atombombe.

FIREBIRD II
OISEAU DE FEU II

1950 war das **Apartheidsystem** in Südafrika fest etabliert. Für die Weißen brachte es ein Wirtschaftswunder, für die Schwarzen war es kaum besser als Sklaverei. (*Links*) Arbeiter auf einer von weißen Farmern geführten Straffarm. Die Insassen bekamen keinen Lohn.

Track 1

Der Stacheldrahtzaun markiert die Grenze des Moroka-Township in **Soweto**, Johannesburg. Das Leben der Familien dort war bereits hart, doch es sollte noch schlimmer kommen.

Track 1

Auf einem Sockel im Stadtzentrum von **Johannesburg** verkündet eine mutige Parole „God is black" („Gott ist schwarz"). Für die Herrschenden war Gott selbstverständlich weiß.

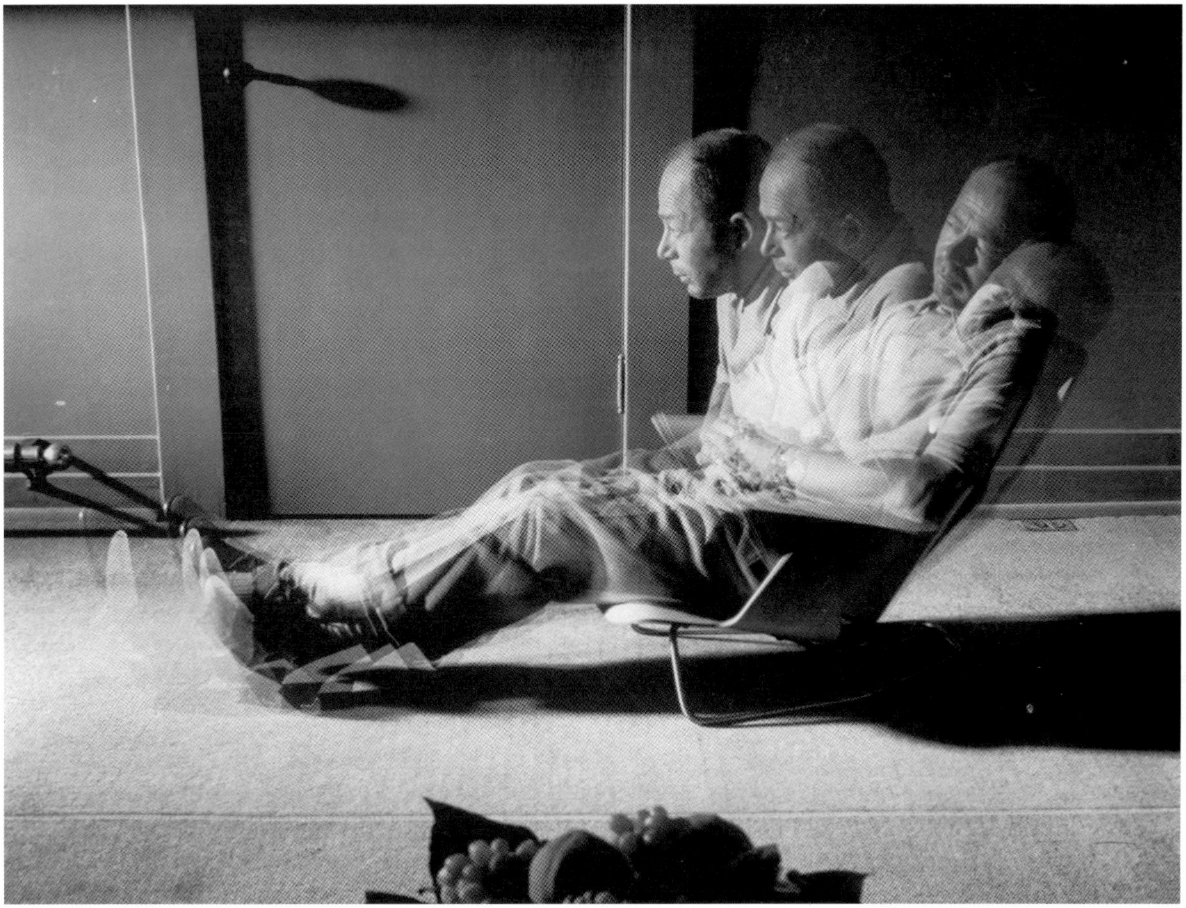

(*Oben*) Der amerikanische Regisseur Billy Wilder in einem anderen **Eames-Stuhl**. Der dünne Metallfuß war so flexibel, dass man mit dem Stuhl hin- und herschaukeln konnte.

Das 1950er-Jahre-Design bediente sich gern moderner Techniken und Materialien, wie Kunststoffen und Chrom. (*Links*) Der amerikanische Designer Charles Eames liegt entspannt in einer **Sitzschale aus Glasfaser** am kalifornischen Strand bei Pacific Palisades, August 1950.

Den Oscar als bester Film erhielt 1950 ***Alles über Eva***. (*Oben*, von links nach rechts) Celeste Holm, Bette Davis und Hugh Marlowe brechen zu einer folgenreichen Fahrt in die Nacht auf.

Ebenfalls in dieser Kategorie nominiert war der Film ***Boulevard der Dämmerung***, in dem Gloria Swanson (*rechts*) stark überzeichnet sich selbst als Relikt der Stummfilmära spielte.

Akira Kurosawas ***Rashomon*** (*links*) mit dem brillanten Darsteller Toshirô Mifune machte mit einem Schlag das japanische Kino beim westlichen Publikum bekannt. (*Oben*) Standfoto aus Luis Buñuels ***Los Olvidados***, einer Geschichte über jugendliche Kriminelle in den Slums von Mexiko-City. (*Rechts*) José Ferrer in der Titelrolle von ***Der letzte Musketier***.

(*Links*) Ein großes Werk eines großen Meisters sind die auf Kacheln gemalten Wandbilder von **Henri Matisse** in der Kapelle Notre-Dame du Rosaire in Vence. Der Dichter Aragon beschrieb sie als „so voller Lebensfreude, dass sie die Kapelle in einen Ballsaal verwandeln." Matisse (*rechts*) war 80, als er dieses Werk schuf.

Der Boxer der 1950er-Jahre war der Weltmeister im Welter- und Mittelgewicht **Sugar Ray Robinson**, ein Sportler mit großem Charisma. (*Links*) Robinson in seinem Trainingslager. (*Rechts*) Sugar Ray posiert mit seinem pinkfarbenen Cadillac vor einem seiner beiden Restaurants in Harlem.

Track 2

Sugar Ray's
Ray Robinson Enterprises
SUGAR RAY'S
2076 - 7TH AVE.
Ray Robinson Enterprises
Ray Robinson Enterprises

(*Oben*) Gepanzerte Amphibienfahrzeuge bringen beim ersten großen Gegenschlag im Koreakrieg US Marines nach Inchon, 15. September 1950. Inchon war der Hafen von Seoul. (*Rechts*) Aus einer Fotoserie von Bert Hardy: Angreifende Marines springen ans Ufer.

Die USA und ihre Alliierten verfolgten entsetzt, wie sich der Kommunismus in China und Korea ausbreitete. Am 25. Juni 1950 überschritten nordkoreanische Truppen den 38. Breitengrad und fielen in Südkorea ein. Der UN-Sicherheitsrat, der damals von der Vetomacht UdSSR boykottiert wurde, beschloss den Einsatz einer bewaffneten UN-Streitmacht zur Abwehr der Invasion. Am 19. Juli landeten die ersten US Marines auf der Halbinsel. UN-Truppen folgten im September. Es kam zu heftigen Kämpfen. Nuklearwaffen kamen aber nicht zum Einsatz, obwohl der US-Kommandeur Douglas MacArthur dies gewünscht hatte. Zunächst stießen die von China unterstützten Nordkoreaner weiter vor, eroberten die südkoreanische Hauptstadt Seoul und drängten die Koalitionstruppen der USA und UN in ein Gebiet bei Pusan im Südosten zurück. Doch im strengen Winter 1950/51 konnte die Koalition stetig an Boden gewinnen, wenn auch unter erheblichen Verlusten. Als es im Sommer 1953 zum Waffenstillstand kam, hatten die Amerikaner rund 25 000 Mann verloren, die Südkoreaner über eine Million und die Nordkoreaner und Chinesen noch weit mehr.

(*Oben*) Während einer Feuerpause bei Haktong-ni versucht ein amerikanischer Infanterist seinen Kameraden zu trösten, dessen Freund getötet worden war. Der Soldat mit Helm registriert in einer Liste die Opfer. (*Rechts*) In den ersten Kriegstagen gefangen genommene, nur in Unterwäsche gekleidete kommunistische Soldaten werden von US Marines abgeführt.

(*Links*) US-Major Carroll Cooper nach dem Vorstoß durch die Yalu-Schluchten, völlig erschöpft nach drei Tagen und Nächten ohne Schlaf, Dezember 1950. (*Oben*) Männer des 187. US-Regiments machen sich bereit für den Angriff auf einen Bergrücken, 3. Mai 1951. (*Rechts*) Am nächsten Tag wird er eingenommen.

Obwohl der Zweite Weltkrieg bereits sechs Jahre zurücklag, waren in Großbritannien noch immer Waren wie Brot, Fleisch, Benzin und Süßigkeiten rationiert. (*Oben*) Kinder bringen die **Kohlerationen** für ihre Familien aus einem Depot in Nine Elms, London, nach Hause. (*Rechts*) Zwei unzufriedene Kundinnen betrachten skeptisch ihre **Fleischration**.

Track 4

Ethel und Julius Rosenberg wurden am 30. März 1951 wegen Spionage und des Verrats von atomaren Geheimnissen an die Sowjets schuldig gesprochen. Am 5. April erging das Todesurteil. (*Rechts*) Polizeifotos der Rosenbergs. (*Links*) Die Rosenbergs umarmen sich in einem Gefangenentransportwagen nach ihrer Anklage in New York.

Track 5

1951

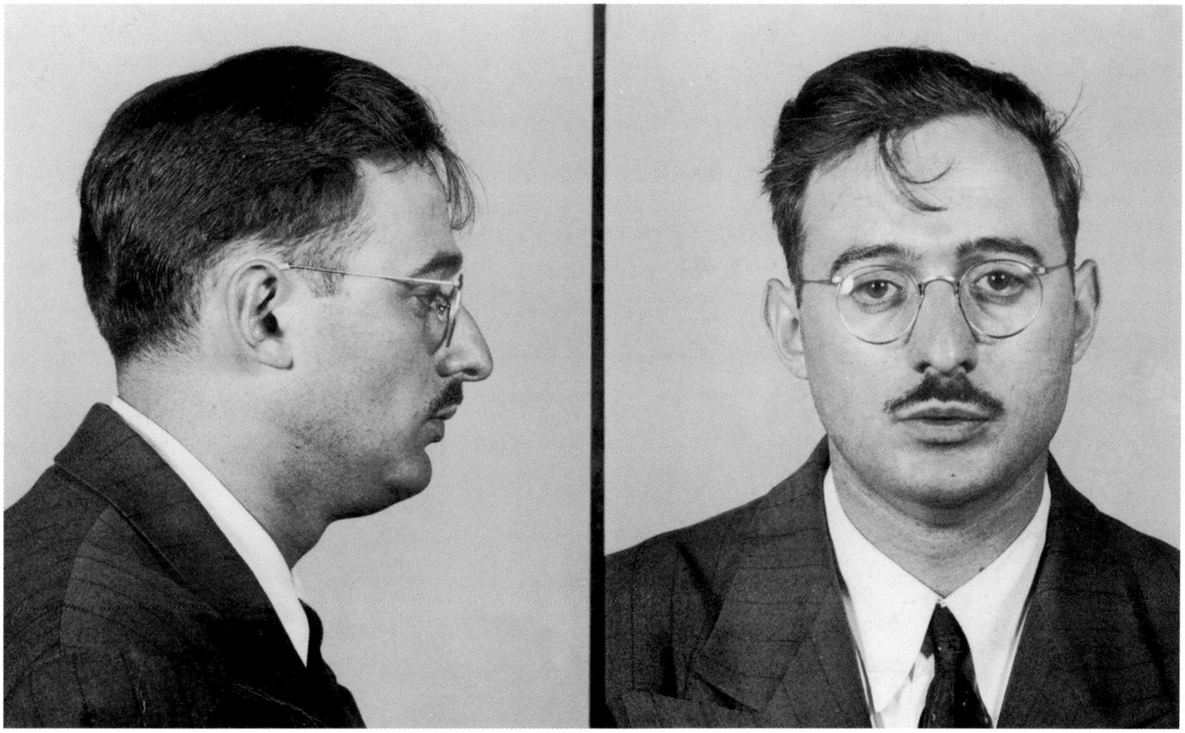

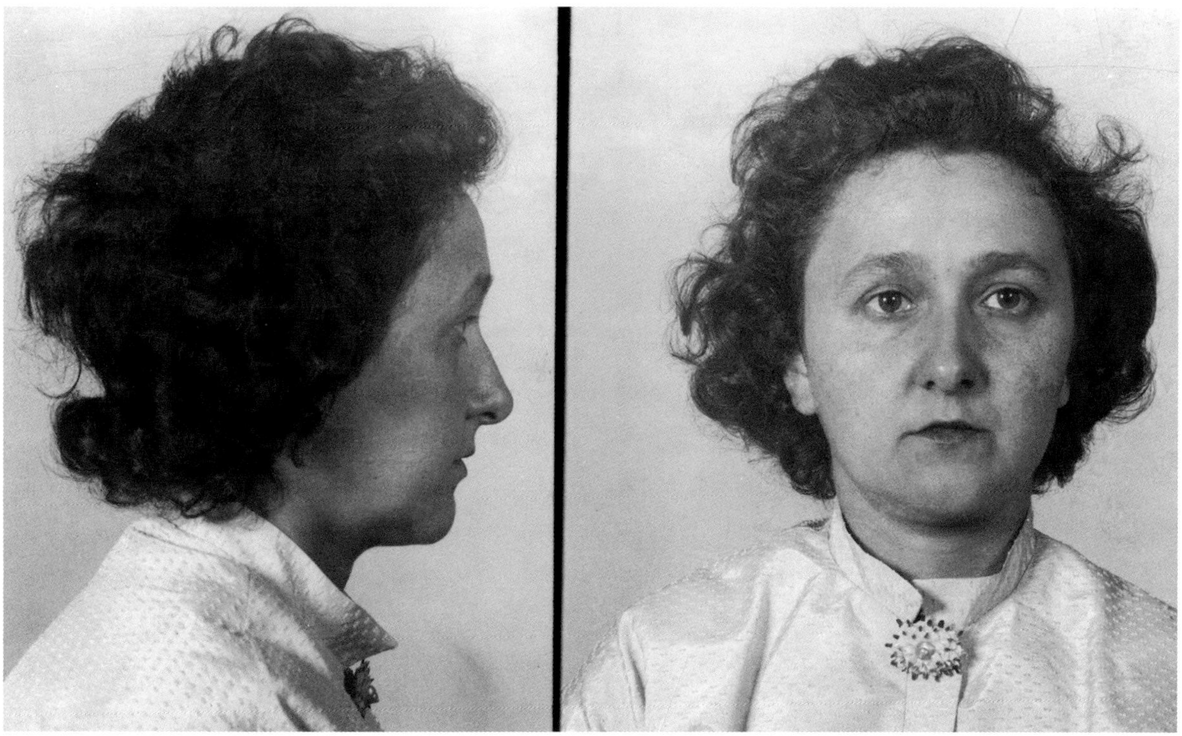

Zwei mächtige Männer geraten aneinander. (*Links*) **General Douglas MacArthur**, Kommandeur der US-Truppen in Korea mit weitreichenden Vollmachten in Fernost, spricht bei einer gemeinsamen Sitzung vor dem US-Kongress, April 1951.

Track 6

(*Oben*) **US-Präsident Harry Truman** im April 1951. Erschrocken über MacArthurs Kriegslust und seine Drohungen, Atomwaffen einzusetzen, entließ er den General einen Monat später.

„Die ganze Welt kommt nach London, um zu sehen, was wir geleistet haben ..." 100 Jahre nach der Weltausstellung fand 1951 in London das **Festival of Britain** statt. (*Links*) Vor dem Dome of Discovery mit seiner Präsentation der modernen Wissenschaften bilden sich lange Besucherschlangen. (*Oben*) Das Veranstaltungsgelände an der South Bank mit der Festival Hall (im Vordergrund), dem Dome of Discovery und dem nadelartigen Skylon.

Das Festival bot den Besuchern neben anspruchsvollen Ausstellungen auch Unterhaltung und Spaß. (*Oben*) Eingehakt bahnen sich fröhliche Besucherinnen einen Weg bei einem **Straßenfest** in London anlässlich der Feierlichkeiten.

Im Battersea Park gab es während des Festival of Britain einen riesigen Rummelplatz mit den üblichen Schaukeln und Karussells und einer außergewöhnlichen Eisenbahn, genannt „The Far Tottering and Oystercreek Railway“. Hier genießen zwei **Revuegirls aus dem Windmill Theatre** die Fahrt mit der Achterbahn.

(*Oben*) Weil die Bürokratie geschlafen hatte, erhielt eine Gruppe des rassistischen amerikanischen **Ku-Klux-Klan** die Erlaubnis, am 6. Oktober beim Festival of Britain in den Battersea Festival Gardens einen Fackelzug abzuhalten. (*Rechts*) Das Festival endete am 3. November 1951 mit einem spektakulären Feuerwerk am Ufer der Themse.

Der British Secret Service durchlebte einen Albtraum, als die hochrangigen Diplomaten Guy Francis de Moncy **Burgess** (*oben*) und Donald **MacLean** (*links*) verschwanden und zu den Sowjets überliefen. (*Rechts*) MacLean (ganz rechts), erster Sekretär an der Britischen Botschaft in Washington, bei einer Besprechung mit dem britischen Minister John Balfour, 8. Juni 1951.

1951

Der Argentinier **Juan Fangio** war der berühmteste Rennfahrer der 1950er. Der „Maestro“ gewann fünfmal die 1950 eingeführte Formel-1-Weltmeisterschaft. (*Links*) Startaufstellung für den Grand Prix von Reims am 2. Juli 1951. (*Rechts*) Nach dem Sieg in Reims lässt sich Fangio am Steuer seines Alfa Romeo von den Zuschauern feiern.

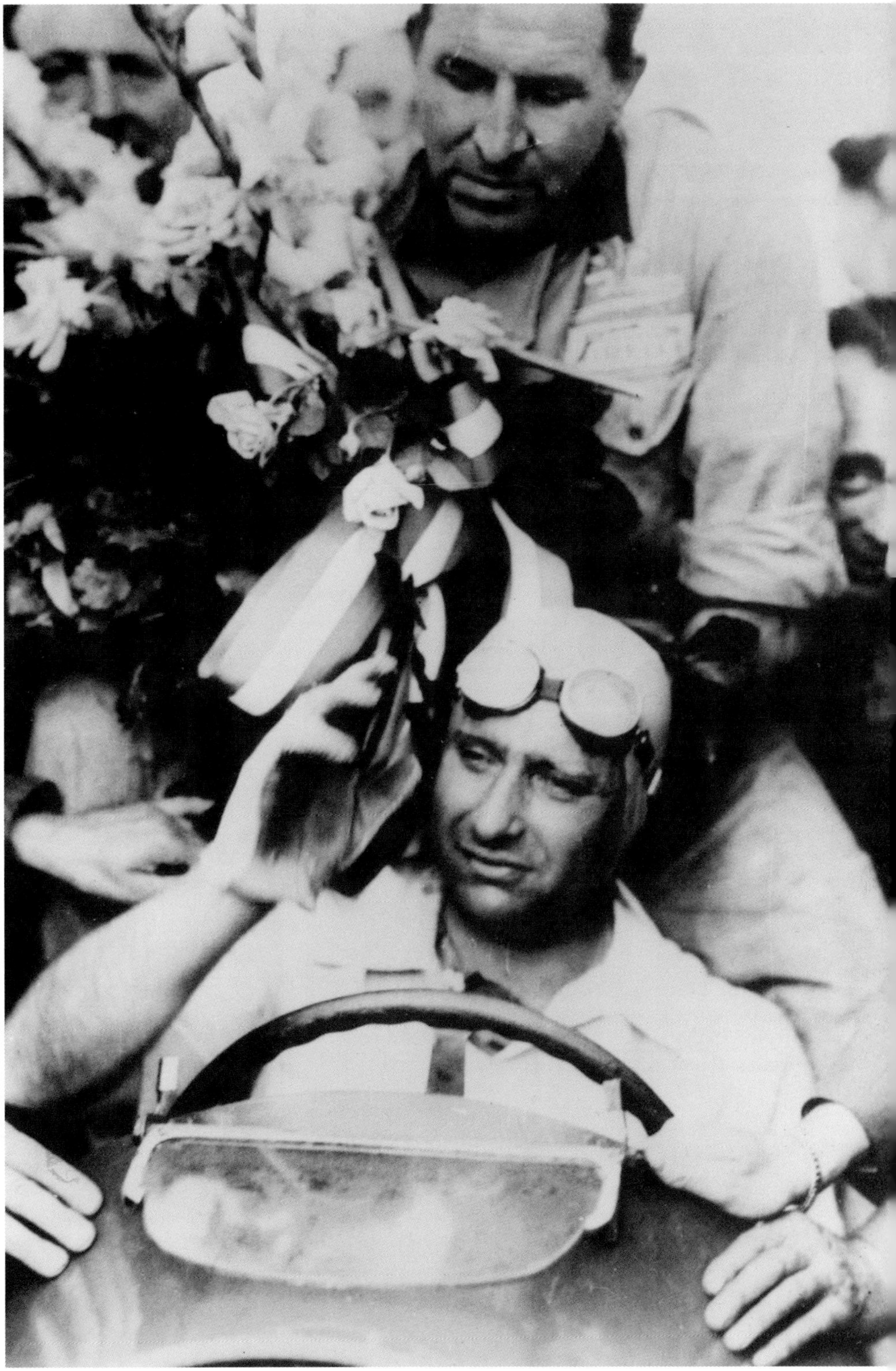

Die britische Autoindustrie erholte sich nach dem Krieg nur langsam. Es fehlte an Werkzeugmaschinen, und die meisten Fabriken und Produktionsstraßen mussten erst wieder aufgebaut werden. (*Oben*) Der **Austin 7**, auch als A30 oder A35 bekannt, war ein Auto für breite Käuferschichten.

(*Oben*) Am oberen Ende des Marktes war dieses **Porsche Cabriolet** angesiedelt, das hier bei der 36. International Motor Show in Earl's Court in London präsentiert wird, 16. Oktober 1951. Es war auch das Todesjahr von Ferdinand Porsche.

Nach der Niederlage 1945 gewann **Churchill** 1951 mit den Konservativen die Wahlen und kehrte an die Macht zurück. (*Oben*) In seinem Wahlkreis Woodford versammeln sich am 26. Oktober Anhänger vor der St. Barnabas School. (*Rechts*) Das berühmte Victory-Zeichen des neuen Premierministers.

(*Oben*) Eine Ehe auf Zeit – der **Schah von Iran**, Mohammad Reza Pahlevi, mit seiner Braut Prinzessin Soraya Esfandiary Bakhtiari, 28. Februar 1951. (*Rechts*) „... bis dass der Tod uns scheidet." **Margaret Hilda Roberts**, in königsblauem Samtkleid, heiratet Denis Thatcher, 13. Dezember 1951.

Die Welt der Haute Couture. (*Links*) Drei Abendkleider von Balenciaga bei einer New Yorker Modenschau. Die Entwürfe waren von den Arbeiten Toulouse-Lautrecs inspiriert. (*Rechts*) Keine aufgemalten Nähte mehr – ein Model trägt aufwendige **Nahtstrümpfe**.

1951 hatte sich Paris fast völlig von Krieg und Besatzung erholt. (*Rechts*) Eine elegante Pariserin bei ihrem morgendlichen Aperitif in einem Café an den **Champs-Élysées**, 23. Juni 1951.

(*Oben*) Ein Model posiert in einem von **Alix Grès** entworfenen gelben Wollmantel. Madame Grès eröffnete in den 1930ern ihr erstes kleines Geschäft in der Rue du Faubourg. In den 1950ern zählte sie zu den Pariser Topdesignern.

Die französische Hauptstadt war Schauplatz für das opulente MGM-Musical ***Ein Amerikaner in Paris***, das 1951 als bester Film mit dem Oscar ausgezeichnet wurde. (*Links*) Gene Kelly bei einer Tanzeinlage in der „Traumszene". (*Rechts*) Leslie Caron war Kellys Filmpartnerin.

(*Oben*) Humphrey Bogart und Katharine Hepburn auf dem „vom Sturm gepeitschten“ Boot in den Londoner Isleworth Studios bei den Dreharbeiten zu John Hustons ***African Queen***. Bogart bekam einen Oscar für seine Darstellung des Charlie Allnut. (*Rechts*) Marlon Brando und Vivien Leigh in der Filmfassung von ***Endstation Sehnsucht***. Leigh gewann den Oscar für ihre Rolle der Blanche DuBois.

372-304

Nach der Vernichtung von Hiroshima und Nagasaki 1945 kam die Atombombe im 20. Jahrhundert nie wieder zum Einsatz. Doch Atomwaffen bestimmten fortan die Außenpolitik von Westen und Osten. Die hochbrisante neue Waffentechnologie fand ihren Weg von Großbritannien in die USA und von dort über Spione in die UdSSR. Ab den 1950ern strebten dann immer mehr Länder ein eigenes Nuklear-arsenal an: Israel, Frankreich, Indien, Pakistan usw. Viele Staatsmänner nutzten die Bombe als politisches Druckmittel. Das Militär war eher argwöhnisch, nur General MacArthur bildete da eine unrühmliche Ausnahme. Der einfache Bürger in Ost und West konnte da wenig tun, außer sich vor der Atombombe zu fürchten.

(*Links*) Bei einem Atombombentest in den Yacca Flats in Nevada steigt eine 1060 m hohe Rauchsäule auf, 19. März 1952.

(*Oben* und *unten*) Bei den Tests kam ein speziell konstruiertes Haus zum Einsatz, um die Wirkung der Druckwelle zu erforschen. Mit einer in einem dicken Bleigehäuse eingeschlossenen Filmkamera wurde der Versuch festgehalten. Die einzige Beleuchtung lieferte der Atomblitz.

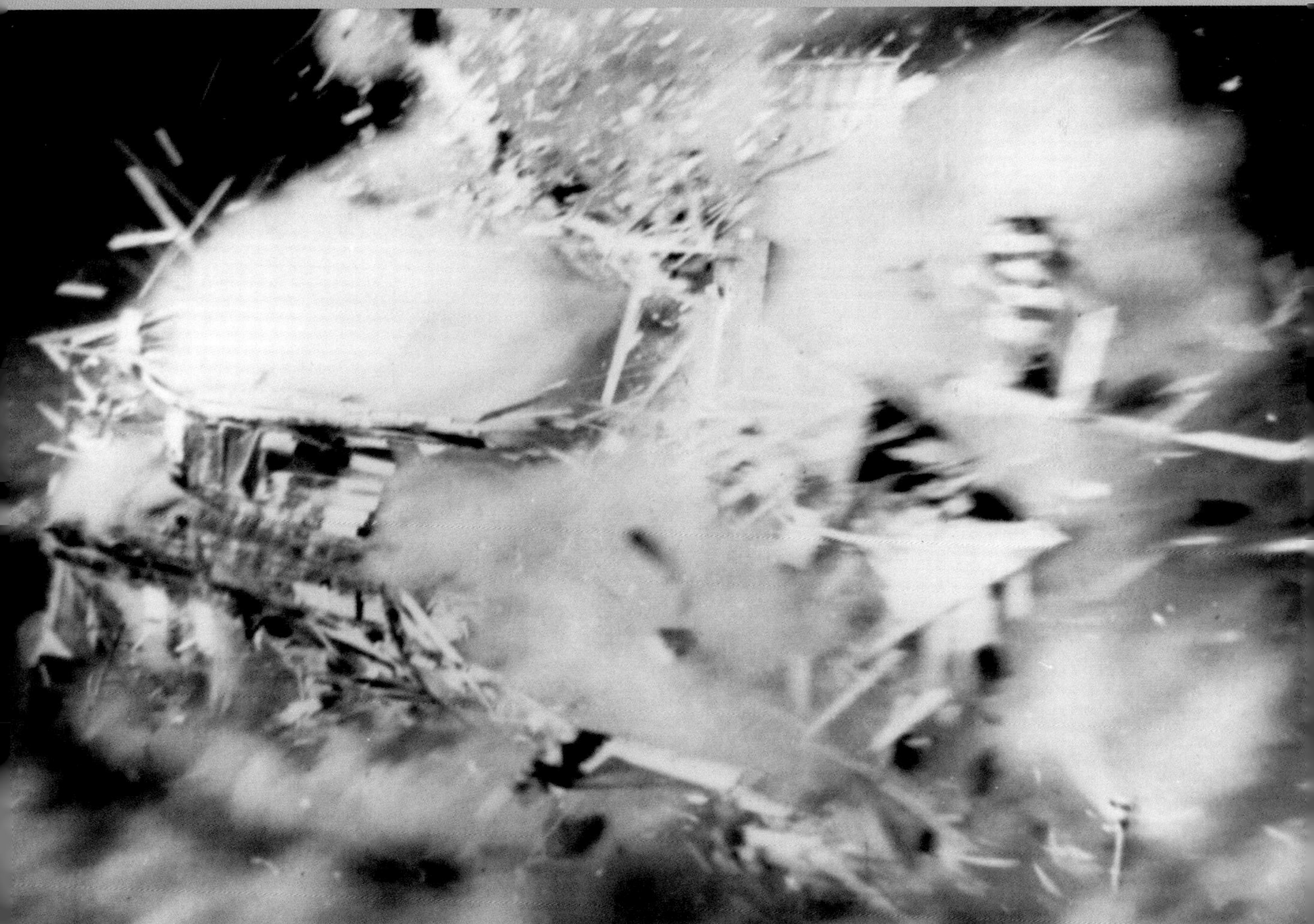

DRINKING
WATER
FIRST AID
KIT
DRINKING
WATER
DRINKING
WATER
COCOA
CHICKEN
SOUP
Spaghetti
MILK
Canned Heat
COOKING FUEL

Die offiziellen Stellen sahen die Überlebenschancen bei einem Atomangriff recht optimistisch. (*Links*) Das Fall-out-Überlebenspaket – alles, was man für die ersten sechs Monate nach einer Atomexplosion für notwendig erachtete. (*Oben*) Der amerikanische Nuklearschutzraum inklusive Schaufel und Pickel, um sich einen Weg nach draußen zu bahnen.

Zündung der ersten amerikanischen Wasserstoffbombe über dem Eniwetok-Atoll im Pazifik , 1. November 1952.

Bei der Überfahrt von Europa in die USA geriet das Frachtschiff **Flying Enterprise** im Nordatlantik in einen heftigen Sturm und schlug leck. Kapitän **Kurt Carlsen** tat sein Möglichstes, um nach Großbritannien zurückzukommen. 64 km vor Falmouth wurde die Crew vom Schiff gerettet, das bereits eine Schlagseite von 80 Grad hatte (*links*). Carlsen (*oben*) bleibt bis zum bitteren Ende am 9. Januar 1952 an Bord.

Track 8

Track 9

Der britische König **Georg VI.** erlag am 6. Februar 1952 einer Krebserkrankung. Mehrere Tage lag sein Leichnam aufgebahrt in der Westminster Hall (*links*), bevor er zur Beisetzung in die St. George's Chapel in Windsor überführt wurde. (*Oben*) Die neue Königin **Elisabeth II.** (rechts) fährt mit ihrer Schwester Margaret von Sandingham zur Westminster Hall, 11. Februar.

Im April 1952 stellte die BOAC mit der **Comet** das erste Passagierflugzeug mit Düsenantrieb in Dienst. Der Jungfernflug führte von London Heathrow nach Johannesburg, Südafrika. Ein Hin- und Rückflugticket kostete 315 £, die 11 000 km lange Reise dauerte 23 Stunden und 40 Minuten. (*Oben*) Die Comet bei einem Tankstopp in Kharthoum. Weitere Zwischenstationen waren Rom, Beirut, Entebbe und Livingstone. (*Links*) Zwei Passagiere auf einem der ersten Flüge.

Das **Passagierschiff United States** (*oben*) holte sich das Blaue Band für die schnellste Überquerung des Atlantiks. Erstmals seit 60 Jahren war wieder ein amerikanisches Schiff Rekordhalter. (*Rechts*) Die United States läuft nach 3 Tagen, 10 Stunden und 40 Minuten und einer Durchschnittsgeschwindigkeit von 35,59 Knoten in Le Havre in Frankreich ein.

1952

In Ägypten überschlugen sich im Sommer 1952 die Ereignisse. Am 23. Juli ergriff **General Mohammad Nagib** (*rechts*) die Macht und stürzte den als „Playboy" betitelten König Faruk. Drei Tage später verließ Faruk mit seiner Familie auf der Marinejacht Mahroussa (*links*) Ägypten und wählte Neapel als sein Exil.

1952

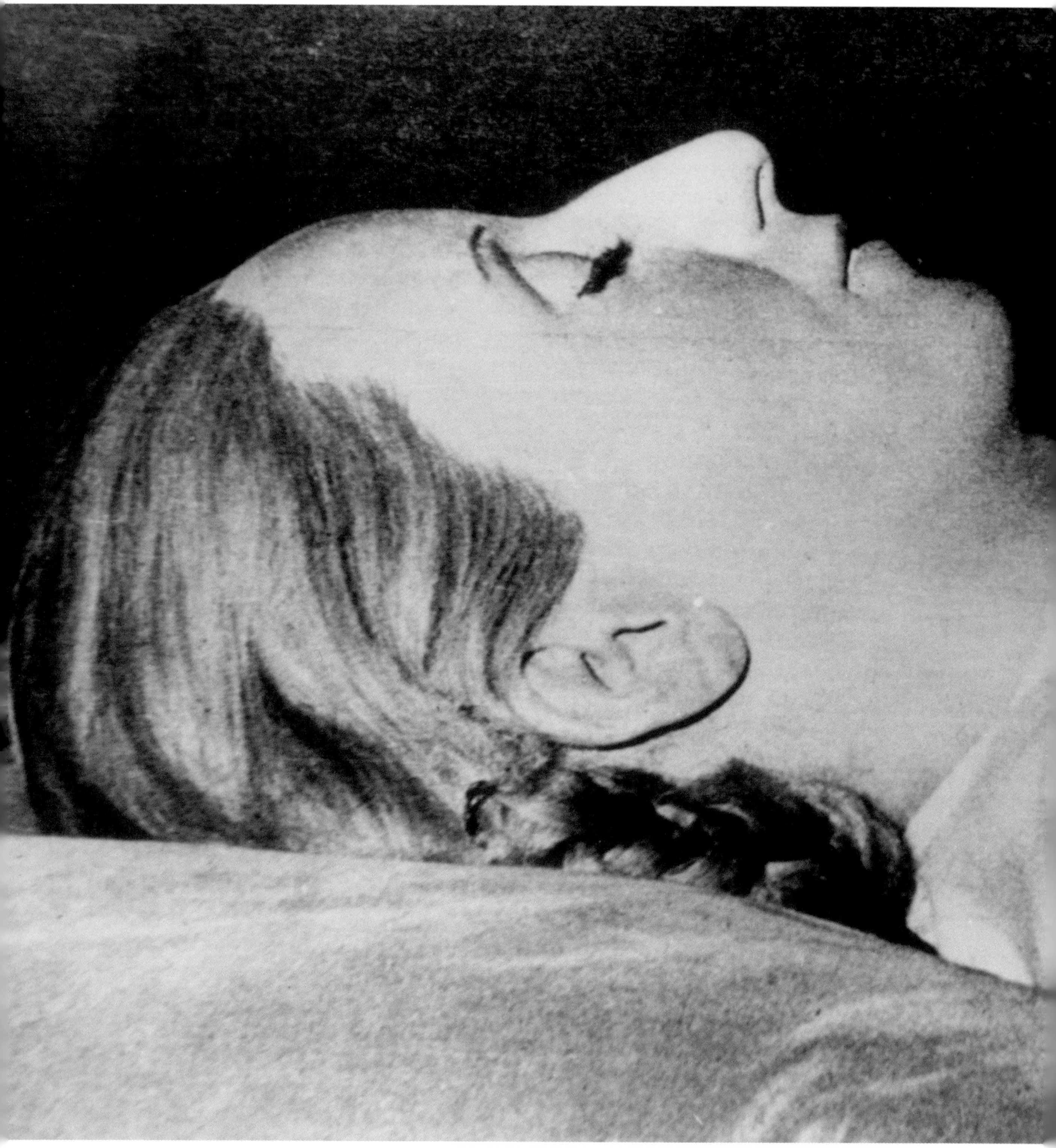

Der aufgebahrte Leichnam von **Evita** (Maria Eva Duarte) **Perón**. Sie starb mit 33 Jahren an Krebs. Überall in Argentinien trauerte man um die vielleicht einflussreichste politische Figur der vergangenen sechs Jahre. Während der zweiten Amtszeit ihres Manns als Präsident war sie eine Art „geistige Führerin der Nation". Dank der Unterstützung durch Gewerkschaften, ihre eigene Stiftung und die Frauenorganisation der peronistischen Partei verfügte sie über ähnlich viel Macht wie ihr Mann.

Die Olympischen Spiele 1952 fanden in Helsinki statt, bei denen auch Deutschland und Japan wieder zugelassen waren. Die USA führten den Medaillenspiegel mit 40 Gold-, 19 Silber- und 17 Bronzemedaillen an. (*Oben*) **Emil Zátopek**, der Star der Spiele, geht bei dem 5000-m-Lauf in Führung. Er gewann diese Disziplin, wie die 10 000 m und den Marathon. (*Rechts*) Der Däne **Rusaek-Nielsen** ist beim Military noch vor seinem Pferd über dem Hindernis.

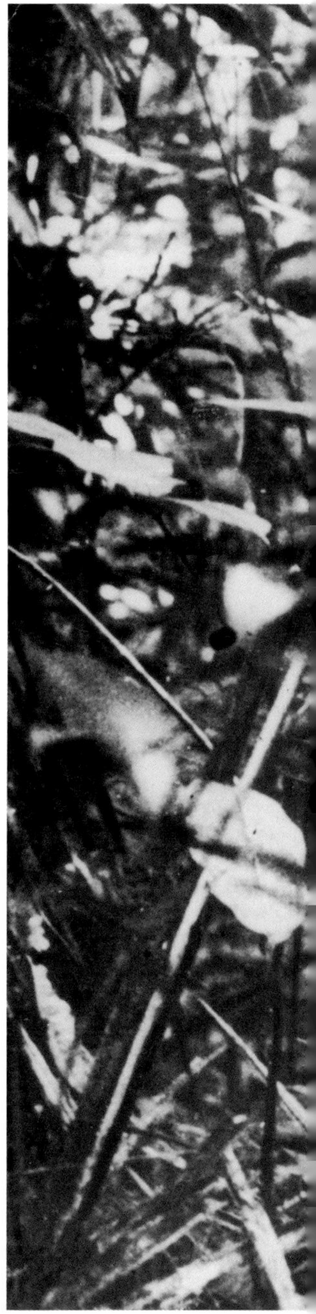

Die letzten Bräuche des Britischen Empire halten sich vor allem in der Armee, wo die **Wehrdienstpflichtigen** ihrem Land zwei Jahre dienen müssen. (*Links*) General Gerald Templer überwacht die Schießausbildung. (*Oben*) Ein kampferprobter Unteroffizier mit seinem Zug auf Patrouille im malaiischen Dschungel, September 1952.

Der Kampf um Freiheit und Unabhängigkeit in Kenia schlug in Gewalt um, als die **Mau-Mau** begannen, weiße Siedler anzugreifen und zu töten. (*Rechts*) Ein kenianischer Polizist verhaftet einen der Mau-Mau-Mitgliedschaft Verdächtigten, 29. November 1952. (*Oben*) Gefangene Mau-Mau in einem „Speziallager" bei Nairobi.

Bei den Präsidentschaftswahlen in den USA gelang **Dwight D. Eisenhower** ein Erdrutschsieg über seinen demokratischen Gegner Adlai E. Stevenson. (*Oben*) Stevenson im Oktober 1952 auf Wahlkampftour in Vallejo, Kalifornien. (*Rechts*) „Ike“ ahnt in Atlanta, Georgia, bereits seinen Sieg. Sein Kandidat als Vizepräsident war Richard Nixon.

Track 10

PAL AUDITORIUM
E GENERAL EISENHOWER

Charlie Chaplin gewann 1952 den Oscar für die von ihm komponierte Filmmusik zu seinem Film *Rampenlicht* (*rechts*). Bei MGM drehte eines der ganz großen Talente der Filmbranche den besten Musikfilm aller Zeiten – ***Singin' in the Rain (Du sollst mein Glücksstern sein)***. (*Links*) Gene Kelly tanzt beschwingt durch den strömenden Regen.

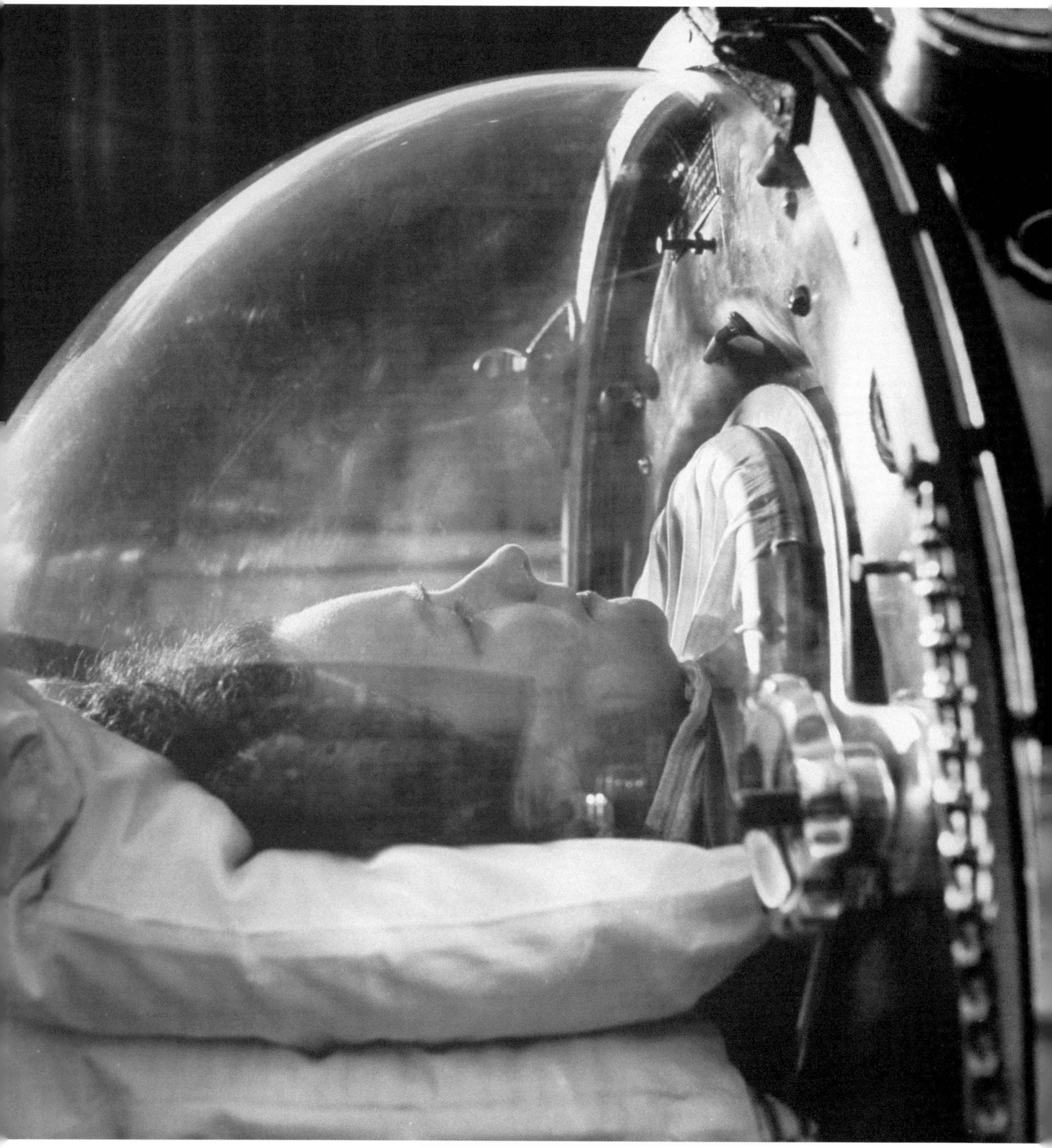

Kinderlähmung blieb eine Bedrohung vor allem für Kinder und Jugendliche. Die Lähmungen bedeuteten oft ein Leben in der **Eisernen Lunge** (*links*). Anfang der 1950er-Jahre gab es Hoffnungen auf eine Therapie und Prävention.

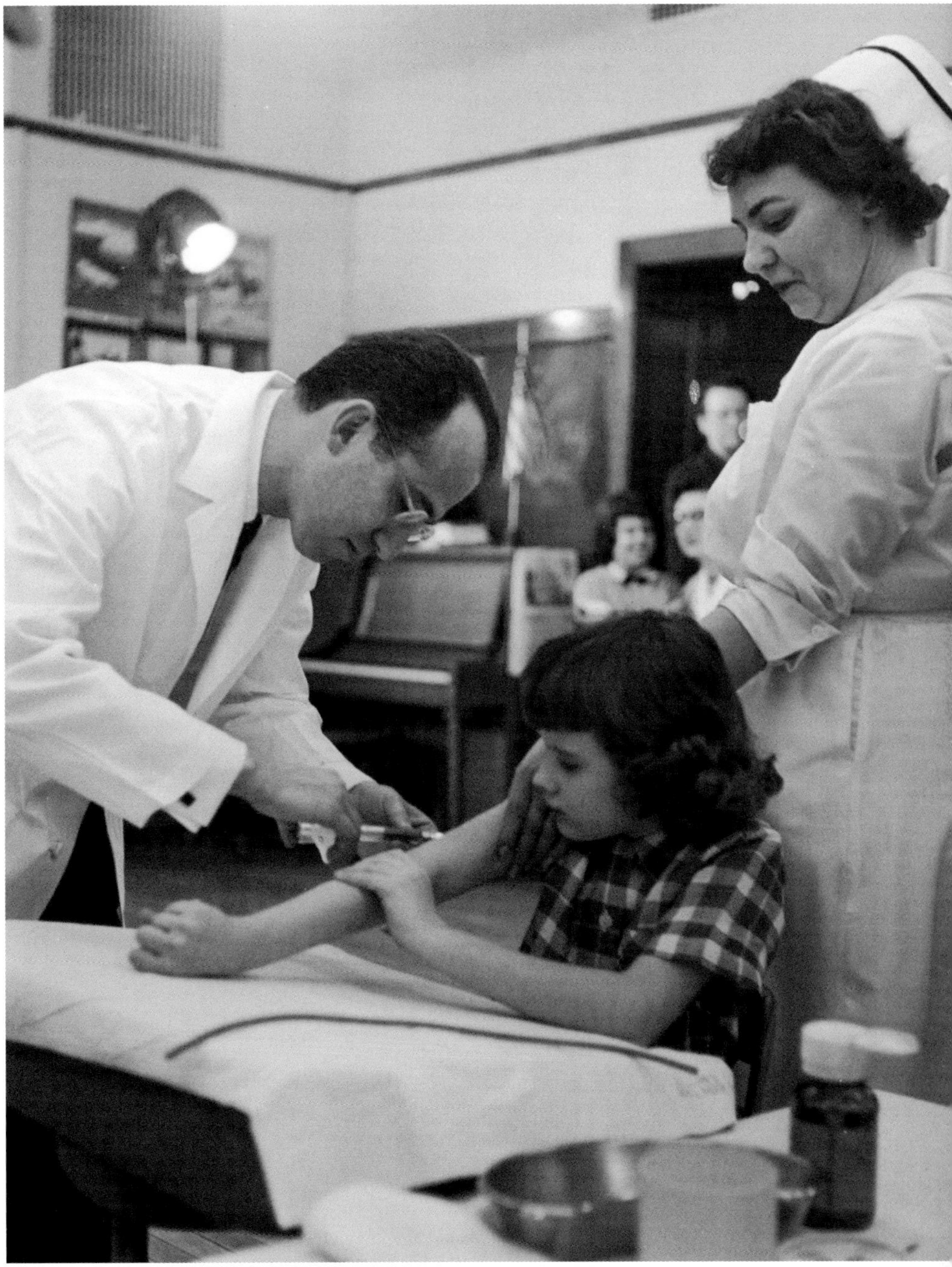

Track 11

Der Durchbruch kam 1953 mit der Entdeckung eines Impfstoffs, mit dem die Menschen gegen diese Krankheit immunisiert werden konnten. (*Oben*) Der Amerikaner **Jonas Salk**, Entdecker des Serums, impft ein Mädchen.

(*Oben*) Alte treten ab: **Josef Stalins Sarg** wird (von links nach rechts) von Schwernik, Kaganowitsch, Bulganin, Molotow, General Wassilij Stalin und Malenkow aus dem Moskauer Haus der Gewerkschaften getragen. Berija (ganz rechts) wurde neun Monate später hingerichtet. (*Rechts*) Junge rücken nach: **Königin Elisabeth II.** zieht nach ihrer Krönung im Buckingham-Palast ein, 2. Juni 1953.

Track 12

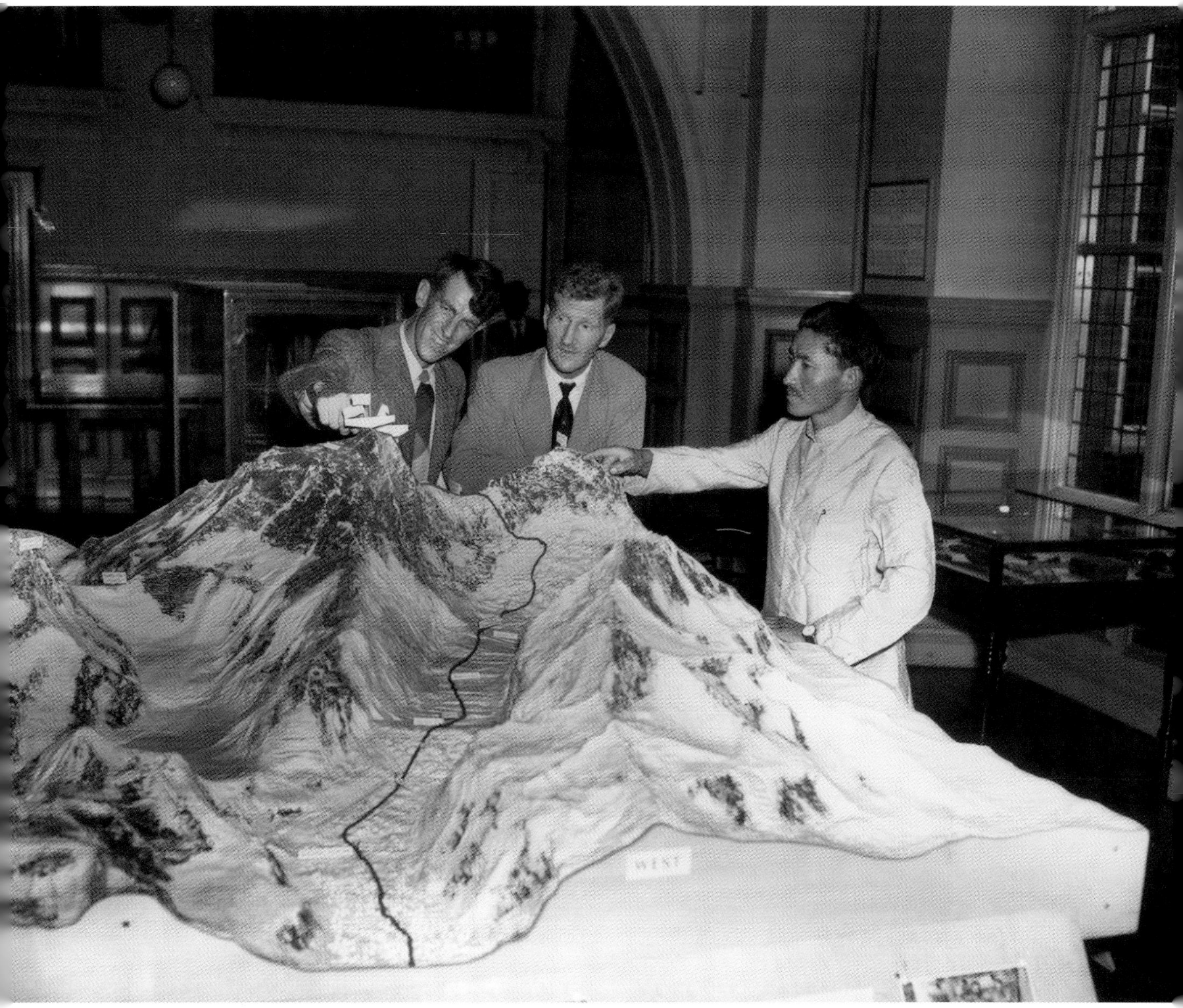

Track 13

Am 29. Mai 1953 erklommen der Sherpa Tenzing Norgay (*links*) und Edmund Hillary vermutlich als erste Menschen den **Gipfel des Mount Everest**. (*Oben*, von links nach rechts) Hillary, Expeditionsleiter Colonel John Hunt und Tenzing nehmen letzte Korrekturen an einem Modell des Everest-Massivs vor, das für eine Pressekonferenz in der Royal Geographical Society, London, vorbereitet wurde, 3. Juli 1953.

1953

SAUVONS LES ROSENBERG
EMPECHONS LE CRIME !
SAUVONS LES ROSENBERG
PROTESTEZ auprès
des Etats-Unis

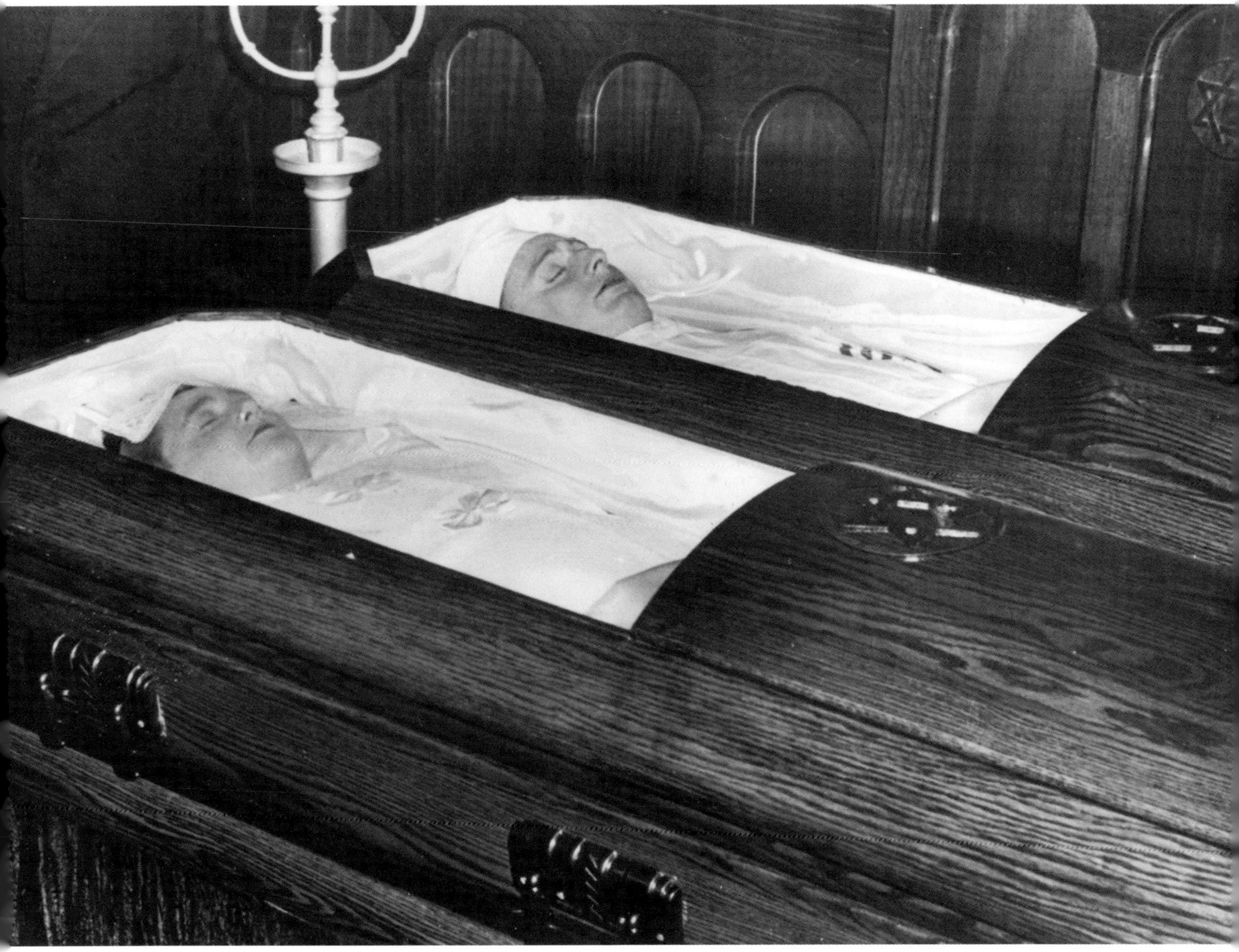

Zwei Jahre nach ihrer Verurteilung wegen Verrats von Nukleargeheimnissen an die UdSSR wurden **Ethel und Julius Rosenberg** hingerichtet. (*Links*) Demonstranten in Paris fordern die Begnadigung der Rosenbergs, 18. Juni 1953. Es gab weltweit Proteste gegen die Hinrichtung. (*Oben*) Särge mit den Leichen von Ethel und Julius.

In den Straßen von **Ostberlin** kam es zu Gewalt, als Arbeiter gegen die als ungerecht empfundenen, von der SED-Regierung auferlegten Arbeitsbedingungen demonstrieren. (*Oben*) Am 17. Juni 1953 brennt das Kolumbushaus am Potsdamer Platz. (*Links*) Junge Männer greifen einen russischen Panzer an. (*Rechts*) Ein Protestmarsch. Mehr als 100 Menschen wurden bei den Unruhen getötet.

ENDE DES DEMOKRATISCHEN

Der Koreakrieg zog sich bis in den Sommer 1953 hin, obwohl man schon sechs Monate zuvor mit dem **Austausch von Kriegsgefangenen** begonnen hatte. (*Links*) Mit gesenktem Kopf beschreibt ein kommunistischer Soldat seine Erfahrungen als Gefangener der UN-Truppen. (*Oben*) Der gerade freigelassene Gefreite John Ploch wird im „Freedom Village“ empfangen.

Nach innenpolitischen Auseinandersetzungen im August bestieg **Schah Reza Pahlevi** ein Flugzeug am Teheraner Flughafen (*links*) und floh ins Exil. Sein ehemaliger Premierminister Mohammed Mossadegh wurde von dem neuen Regime verhaftet und vor Gericht gestellt. (*Oben*) Während der Verhandlung lehnt sich **Mossadegh** mit dem Kopf an die Schulter seines Verteidigers, 11. November 1953. Er wurde zu drei Jahren Haft verurteilt.

Die „Hochzeit des Jahres“ in den USA: **Senator John Kennedy** heiratet am 12. September **Jacqueline Bouvier**. (*Rechts*) Jack und Jackie als Verlobte. (*Links*) Das Paar im Sommerhaus der Kennedys, 7. Juli 1953. (*Oben*) Die frisch Vermählten auf ihren Plätzen beim Empfang in Newport. Die Gäste mussten auf die Ananasvorspeise warten, bis sich das Blitzlichtgewitter gelegt hatte.

Track 14

Der Adriahafen von **Triest** war 1947 unter die Kontrolle der UN gestellt worden. Am 19. Oktober 1953 stellte der jugoslawische Präsident Tito die Rückgabe eines Teils der Stadt an Italien infrage. Der Fall erregte internationale Besorgnis, und in den Straßen von Triest kam es zu Demonstrationen (*rechts*) und Kämpfen zwischen den Bürgern (*links*).

Track 15

Eine bedeutende französische Initiative in Indochina war die Einnahme von Dien Bien Phu durch Fallschirmjäger unter dem Kommando von Oberst **Christian de Castries**. Es begannen Friedensverhandlungen mit dem Vietminh-Führer Ho Chi Minh, der die Niederlage der Franzosen und das Engagement der USA vorhersagte. (*Oben*) De Castries in seinem unterirdischen Befehlsstand, April 1954. (*Links*) Ho Chi Minh besucht ein Waisenhaus in Hanoi.

Am 13. März 1954 begann die Vietminh mit der Belagerung der Festung **Dien Bien Phu** – es sollte eine der blutigsten Schlachten des Krieges werden. Europäische Zeitungen berichteten zwar, die Franzosen könnten sich halten, und Verstärkung aus der Luft sei unterwegs, doch am 14. April griff die Vietminh (*rechts*) den Flughafen Muaong Thanh an und eroberte ihn.

Track 16

Die Verluste waren auf beiden Seiten groß. (*Oben*) Ein **französischer Militärarzt** behandelt einen Vietminh-Soldaten in der Endphase der Belagerung. Am 7. Mai kapitulierten die Franzosen. (*Rechts*) Die französische Sanitätsschwester **Geneviève de Galard** war als „Engel von Dien Bien Phu“ bekannt. Sie geriet in Gefangenschaft, doch die Vietminh ließ sie drei Wochen später frei.

Seit seiner Fertigstellung 1869 hatten die Briten die Kontrolle über den Sueskanal ausgeübt. Die neue Revolutionsregierung in **Ägypten** wollte diesen Einfluss beenden. (*Oben*) Antibritische Demonstration in Kairo, 9. Januar 1954. (*Links*) General Mohammad Nagib und **Oberst Gamal Abd el-Nasser** (rechts) nach einer Sitzung des Revolutionsrats, 23. Februar 1954.

Kenias Kampf um Unabhängigkeit hatte mit den Jahren an Heftigkeit zugenommen. 1954 gingen die militanten **Mau-Mau** massiv und brutal gegen weiße Siedler vor. Zur Vergeltung internierten die Briten als Mau-Mau-Mitglieder oder Sympathisanten Verdächtigte. (*Rechts*) Ein Verdächtiger wird in einem der vielen **Internierungslager** (*oben*) festgehalten.

AAA
41

(*Oben*) Der deutsche Stürmer **Max Morlock** (Zweiter von rechts) schießt im WM-Finale gegen Ungarn im schweizerischen Bern ein Tor, 4. Juli 1954. Deutschland gewann mit 3:2 und wurde Fußballweltmeister. (*Links*) Auf der windgepeitschten Iffley Road in Oxford läuft **Roger Bannister** am 6. Mai 1954 als erster die Meile unter vier Minuten. Seine Zeit: 3 Minuten 59 Sekunden.

Senator Joseph McCarthy hatte das Komitee gegen unamerikanische Aktivitäten neu belebt, als er Hollywood von der „roten Gefahr“ säuberte. 1954 nahm er sich in dem Fall des Gefreiten David Shine, einem engen Freund von McCarthys Anwalt Roy M. Cohn, auch die US-Armee vor. Die Konsequenzen waren für McCarthy katastrophal, neben vielen anderen hatte er auch Eisenhower dabei gegen sich aufgebracht.

Track 17

(*Oben*) **Sophia Loren** wundert sich über das Interesse der Fotografen, neben ihr **Marlon Brando**, der bei dieser Veranstaltung in Rom den Pasinetti-Preis für seine Rolle in *Die Faust im Nacken* erhielt. (*Rechts*) **Maria Callas** bei einem Prominentendinner im Chicago Hilton nach ihrem Auftritt in Bellinis *Norma* im Opernhaus von Chicago, November 1954.

Einer der bewegendsten und eigenwilligsten Filme war 1954 Federico Fellinis ***La Strada (Das Lied der Straße)***, die Geschichte eines einfältigen Bauernmädchens, das an einen Zirkuskraftathleten verkauft wurde. (*Oben*) Ein Standfoto aus dem Film mit Giulietta Masina und Anthony Quinn.

(*Oben*) Eva Marie Saint schaut zu, wie Karl Malden (links) Marlon Brando in der Schlussszene von Elia Kazans ***Die Faust im Nacken*** Trost spendet. Neben Brando und Saint als Darsteller gewannen mit dem Film Budd Schulberg (Drehbuch), Kazan (Regie) und Boris Kaufman (Kamera) Oscars.

Der Dramatiker Arthur Miller traf Marilyn Monroe (*unten* und *rechts*, Fotos von Baron) erstmals auf einer Party in Hollywood. Im Verlauf des Abends sagte die Schauspielerin Evelyn Keyes zu Miller: „Sie werden sie lebendig auffressen." Und so sollte es kommen, doch es dauerte zwölf Jahre, bevor der Hunger von Hollywood, Politikern und Medien endlich gestillt war. Miller, Monroes dritter Ehemann, der sie besser kannte als jeder andere, beschrieb sie als „naiv herausfordernd" mit einer „Perfektion, die den Wunsch weckte, sie zu verteidigen ..." Sie war ganz einfach die Ikone einer Industrie, einer Kultur, eines Landes und eines Planeten.

1954 Marilyn Monroe

(*Oben*) Marilyn Monroe und ihr zweiter Ehemann, der Baseballstar Joe DiMaggio, nach ihrer Trauung im Januar 1954. (*Rechts*) Während des Koreakrieges auf einer USO-Tour zur Truppenbetreuung steht Marilyn Monroe vor einem Heer begeisterter US-Soldaten und gibt Autogramme.

1954 Marilyn Monroe

(*Links*) Das vielleicht berühmteste Standfoto aller Zeiten: Marilyn Monroe über dem Gitter eines U-Bahn-Entlüftungsschachts in Billy Wilders *Das verflixte 7. Jahr*. (*Oben*) Monroe im selben Kleid am Set mit Wilder. (*Rechts*) Ein offizielles Studioporträt.

1955 Marilyn Monroe

PA-1
13
PA-1

Im Januar 1955 bedrohten kommunistische Kräfte verstärkt nationalchinesische Siedlungen auf den **Tachen-Inseln**, unmittelbar vor dem chinesischen Festland. Die US-Navy evakuierte rund 14000 Zivilisten von den Inseln (*links*). Die USA führten Gespräche mit General Chiang Kai-shek, dem Anführer der Nationalchinesen. (*Oben*) Treffen von Chiang Kai-shek mit US-Außenminister John Foster Dulles, 5. März 1955.

Am 28. Februar 1955 töteten israelische Einheiten bei einem Angriff auf ägyptische Armeeposten im Gazastreifen 36 Mann. Die arabischen Staaten protestierten, und Vertreter der **Arabischen Liga** trafen sich in Kairo (*oben*). Gespräche und Kämpfe zogen sich parallel über sechs Monate hin.

(*Oben*) Dieses von der Pressestelle der israelischen Regierung veröffentlichte Foto zeigt den jungen Fallschirmjägeroffizier **Ariel Sharon** (Zweiter von links) direkt neben General **Moshe Dayan** (Dritter von links). Es wurde im Oktober 1955 direkt nach dem Zusammenprall israelischer und ägyptischer Einheiten auf dem Sinai aufgenommen.

Marlon Brando bekam seinen Oscar für *Die Faust im Nacken* im März 1955 von Bob Hope überreicht, der auch hier seinem Ruf als Komiker gerecht wurde (*oben*). Der Pianist und Entertainer **Liberace** posiert in seiner gewohnt „zurückhaltenden" Art vor dem Pool in seinem Garten in Hollywood (*rechts*).

Track 19

Die Niederlage der Franzosen 1954 hatte nur wenig zur Stabilisierung in **Vietnam** beigetragen. Im Süden kam es zur Spaltung zwischen dem von den USA unterstützten Präsidenten Ngo Dinh Diem und der zuvor von den Franzosen unterstützten Gruppierung Binh Xuyen. (*Oben*) Diem bei einer Landwirtschaftsausstellung 1955, wenige Minuten vor einem Attentatsversuch. (*Rechts*) Eine Frau flieht mit ihren Kindern vor den Straßenkämpfen der beiden Lager, Mai 1955.

1955

ĐƯỜNG
DÀNH RIÊNG
CHO XE ĐẠP
PISTE
OBLIGATOIRE POUR
CYCLISTES
23-4-55

France
Germany
United Kingdom
United States

Die Pariser Verträge traten am 5. Mai 1955 in Kraft, das Besatzungsstatut wurde aufgehoben, und die Bundesrepublik Deutschland erlangte weitgehende Souveränität. (*Rechts*) *Time*-Korrespondent James Bell beobachtet die Abfahrt von Bundeskanzler **Konrad Adenauer**, September 1955. (*Links*) Die Delegierten bei der **Pariser Konferenz** (von links nach rechts): Pierre Mendès France, Konrad Adenauer, Anthony Eden und John Foster Dulles.

Am 11. Juni 1955 nahm Pierre Levegh mit einem Mercedes am 24-Stunden-Rennen von **Le Mans** teil. Als ein anderer Wagen vor ihm plötzlich bremste, fuhr Levegh auf dessen Heck auf, und sein Wagen wurde in die Zuschauertribüne katapultiert, 80 Menschen starben und weit über 100 wurden verletzt. (*Oben*) Levegh in einer Kurve unmittelbar vor dem Crash. (*Links*) Ein Unfall mit schweren Folgen: Leveghs Auto bestand zum Teil aus Magnesium und löste einen heftigen Brand aus.

Track 20

Am 15. Juli 1955 öffnete in Anaheim in Kalifornien der größte Vergnügungspark der Welt seine Pforten. **Disneyland** mit seiner Mischung aus Fantasie und Abenteuer, ganz im Hollywoodstil, war sofort ein Erfolg. (*Oben*) Walt Disney – teils Cowboy, teils Onkel, aber ganz Geschäftsmann. (*Rechts*) Kinder stürmen durch den Eingang von Dornröschens Schloss.

Track 21

Eine unerfüllte Liebe: (*Oben*) **Prinzessin Margaret** kehrt nach Clarence House zurück, nachdem sie das Wochenende mit ihrem Geliebten Oberst Peter Townsend verbracht hat, 17. Oktober 1955. Zwei Wochen später verkündete der Buckingham-Palast, dass Margaret und Townsend nicht heiraten werden. Die Anforderungen des königlichen Standes siegten über die Sehnsucht des Herzens.

Ruth Ellis, Wirtin eines Nachtclubs und nebenbei Model, erschoss am 10. April 1955 ihren Liebhaber David Blakely. Die Jury befand sie beim Prozess nach nur 14 Minuten Beratung des Mordes schuldig. Am 13. Juli wurde sie im Holloway Prison gehenkt. (*Oben*) Ruth Ellis in der Wohnung über ihrem Nachtclub in der Brompton Road, Knightsbridge, London.

(*Rechts*) Im Oktober treffen sich die Vertreter der **„Großen Vier"** – UdSSR, USA, Großbritannien und Frankreich – in Genf, um über die Wiedervereinigung Deutschlands sowie die Zukunft von NATO und Warschauer Pakt zu sprechen. (*Oben*, von links nach rechts) Bulganin, Eisenhower, Eden und Faure. (*Unten*, von links nach rechts) Mrs Dwight Eisenhower, Mrs Anthony Eden und Mme Edgar Faure, so die damals gesellschaftlich korrekte Anrede.

(*Oben*) **Habib Bourguiba** (mit Fez) kehrt im Triumph nach drei Jahren im französischen Exil nach Tunesien zurück, 3. Juni 1955. Bourguiba war Gründer der Néo-Destour-Partei und kurzzeitig auch tunesischer Präsident. In seiner zweijährigen Amtszeit konnte er für sein Land die Unabhängigkeit erwirken.

Nach einigen Monaten der politischen Instabilität in Marokko beschlossen die Franzosen, den ehemaligen Sultan **Sidi Mohammad ben Yussef** wieder einzusetzen. (*Oben*) Im Umland von Casablanca freuen sich Anhänger von Mohammad ben Yussef über dessen Rückkehr, 12. September 1955.

Im Mai 1955 kaufte sich der Filmstar **James Dean** (*oben*) einen noch Porsche 550 Spyder. Er beauftragte George Barris, der später das Batmobile konstruierte, den Spyder zu tunen. Doch Warner Brothers untersagten Dean während der Dreharbeiten von *Giganten* die Teilnahme an Autorennen. Am 30. September starb Dean bei einem Unfall mit dem Rennwagen, dem er seinen Spitznamen „Little Bastard" gegeben hatte.

Track 23

15
KEW GREEN

In den 1950ern war der **Londoner Smog** berüchtigt. Die beißende Mischung aus Dunst oder Nebel, Abgasen aus Heizungs- und Industrieanlagen und Fahrzeugen verätzte die Lungen und tötete jeden Winter Tausende. (*Links*) Ein Angestellter der Londoner Verkehrsbetriebe geleitet mit einer Fackel einen Bus durch die Straßen. (*Oben*) Ein Paar mit provisorischen Schutzmasken in einem Londoner Park.

„Die Bewegung gewinnt an Dynamik“ – Martin Luther King Junior. Nach der Weigerung von Rosa Parks, ihren Platz in einem Bus für einen Weißen zu räumen, boykottieren die schwarzen Bewohner von **Montgomery** das Bussystem und laufen zur Arbeit, Februar 1956. Es vergingen noch neun Monate, bis die „Segregation“ (Rassentrennung) in den Bussen in Alabama für unrechtmäßig erklärt wurde. Ein neues Gesetz trat einen Monat später in Kraft.

Track 24

Das Urteil im Fall „Brown et al v the Board of Education of Topeka et al" (1954) wird endlich umgesetzt. Männer der Nationalgarde halten neben einem Schulbus Wache. Zu Beginn des neuen Schuljahrs wurde die **Aufhebung der Rassentrennung** in den Schulbussen durchgesetzt, September 1956.

Auf zahllosen Bildschirmen in der TV-Abteilung eines amerikanischen Kaufhauses erscheint **Dwight D. Eisenhower** und erklärt den Amerikanern, warum er für eine zweite Amtszeit als Präsident kandidieren will, März 1956. Eisenhower verstand es bestens, sich im Fernsehen und bei Wahlkampagnen zu präsentieren. Der Slogan „I Like Ike" überzeugte die Amerikaner, und sie wählten ihn im November mit großer Mehrheit wieder.

Der Inbegriff von angenehmer Mobilität Mitte der 1950er. Ein fürstlich gekleidetes Model posiert neben einem glänzenden Pontiac La Parisienne inmitten eines flachen Pools auf der **New York Coliseum Auto Show**, 7. Dezember 1956.

Track 25

Der **zusammenfaltbare Wohnwagen** Bedouin B war ganz auf Komfort ausgelegt, vielleicht war ein nebliger englischer Morgen nicht der ideale Zeitpunkt, um ihn vorzustellen. In nur vier Minuten ließ sich der Anhänger in ein „geräumiges Heim“ verwandeln.

1956

Der 75-jährige **Pablo Picasso** beim Mischen von Farben in der Filmdokumentation *Picasso*, 1956. Als entschiedener Gegner des Franco-Regimes lebte Picasso immer noch in Frankreich.

Der irische Dramatiker **Brendan Behan** „an der Quelle“ in der Fitzroy Tavern in London, 30. Juni 1956. Behan lebte damals in London, obwohl er die britischen Regierungen wegen ihrer Behandlung seiner irischen Landsleute heftig kritisierte.

Marilyn Monroe und **Arthur Miller** in einem Ford Thunderbird auf dem Weg in ihre Flitterwochen in Connecticut, Juli 1956. Monroe hatte gerade den Film *Der Prinz und die Tänzerin* gedreht, Miller seine letzten Anhörungen vor dem HUAC überstanden. Vor dem Paar lagen glückliche Tage, obwohl Miller später über Marilyn schrieb: „Bei all ihrem Strahlen war sie stets von Dunkelheit umgeben."

Der Fürst und die Schauspielerin – der Augenblick als Monseigneur Gilles Barthe dem **Fürsten von Monaco Rainier** Louis Henri Maxence Bertrand de Grimaldi und seiner Braut **Grace Patricia Kelly** in der Kathedrale Saint Nicolas in Monte Carlo den Hochzeitssegen erteilt, April 1956.

Track 26

(*Rechts*) Es war ein turbulentes Jahr für **Joan Collins**. Sie drehte drei Filme – *Das schwache Geschlecht*, *Treibgut der Leidenschaft* und *Heiße Erde* – und ließ sich von ihrem ersten Mann Maxwell Reed scheiden. Es gab Gerüchte, er habe versucht, sie an einen arabischen Scheich zu verkaufen.

Track 27

(*Oben*) Drehpause für **Brigitte Bardot** bei Roger Vadims *Und ewig lockt das Weib* in Saint-Tropez: Zeit für eine schnelle Zigarette und einen Blick in ein Magazin mit einer Story über sie. Die katholische Zensur verdammte den Film als „offene Verletzung des moralischen Empfindens".

Während Charlton Heston als Moses in *Die zehn Gebote* die Fluten teilt, sitzen die Besucher dieses **Autokinos** in ihren spritschluckenden Buicks, Oldmobiles und Mercurys bei Cola und Popcorn – und manche vergnügen sich auch auf den zurückgeklappten Liegesitzen.

MUST BE OVER 16 TO SEE IT.
OF LONDON EXPOSED –
THEN GO HOME AND
happening now as
RAYSTRO FILMS PRESENT
THE FLESH IS WEA
Films are still the BEST entertainment despite the Government's efforts to close the cinemas
GOVERNMENT
CAMEO ROYAL
AT LAST!
The SHAME OF LONDON EXPOSED –
COME IN – THEN GO HOME AND WARN YOUR DAUGHTERS!
'IF EVER A FILM DESERVED ITS 'X' THIS IS IT' Jewish Chronicle
CAMEO
CAMEO
VICE: LONDON
HE WANTS TO SHOCK US ALL!
LONDON
The Flesh is Weak

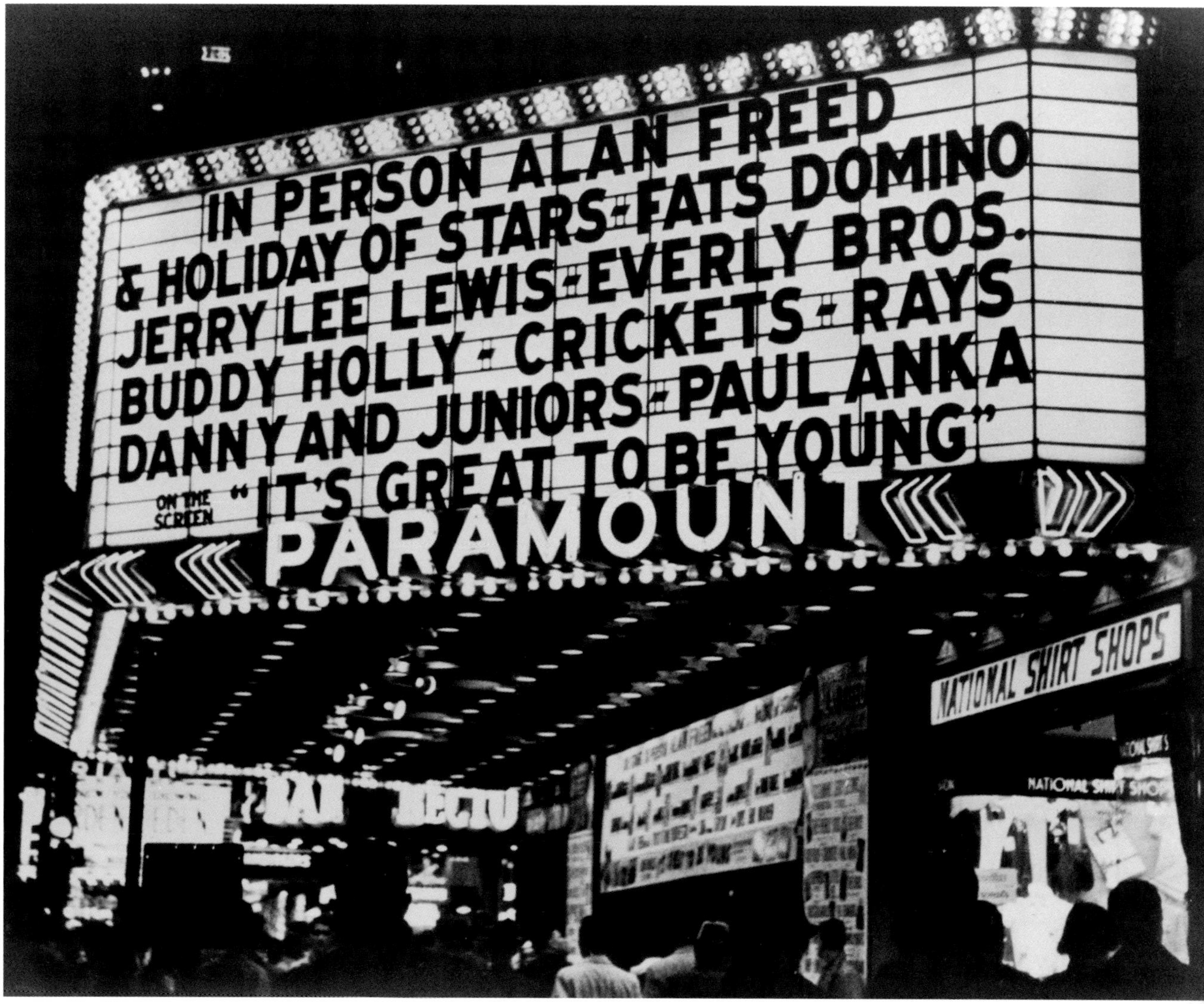

(*Links*) Die Fassade des **Cameo-Kinos in London** am 12. Juni 1956. Gezeigt wird der Film *The Flesh is Weak (Frauen, die uns nachts begegnen)* – die Geschichte eines zur Prostitution verführten Mädchens. Eltern sollten sich, so die Werbung, den Film ansehen, um ihre Töchter vor Ähnlichem zu schützen.

(*Oben*) Die Front des **Paramount Theater in New York** am Abend der Alan Freed's Show. Freed erwarb sich als Diskjockey schnell den Titel „King of Rock 'n' Roll" und erklärte: „Die Kritiker können nicht verhindern, dass diese amerikanische Musik mit ihrem neuen Takt das Land wie eine Woge des Glücks überflutet." Ihn selbst machte sie sehr reich.

Angesagte Treffpunkte. (*Oben*) Eine Kundin nippt in einem der in London in den 1950ern neu eröffneten **Cafés** an ihrem Kaffee. (*Links*) **Teddy-Boys** in ihren neo-eduardianischen Anzügen an Spielautomaten in Canvey Island. (*Rechts*) **Rock 'n' Roll** in der Royal Dance Hall in Tottenham, London.

Track 28

(*Links*) **Elvis** am 14. August 1956 live im Olympia Theater in Miami, Florida. Die Mutter eines jungen Elvis-Fans sagte: „Ich kam her, weil mein Kind her wollte. Ich war neugierig. Jetzt weiß ich Bescheid. Sieh ihn dir an, er sieht aus wie ein brünstiger Hund und jault wie eine kranke Katze."

(*Oben*) Der jungendliche Elvis richtet seine Frisur, während sein Manager **Colonel Tom Parker** (links) mit Ed Sullivan (rechts) über die Gage verhandelt. Es war Elvis' zweiter Auftritt in der *Ed Sullivan Show*, 28. Oktober 1956.

Track 29

Die Vorherrschaft der Sowjetunion war bereits 1953 herausgefordert worden, als polnische Katholiken gegen den Hausarrest von Kardinal Wyszynski protestierten und es in Ostberlin zu gewalttätigen Demonstrationen kam. In Ungarn demonstrierten am 23. Oktober 1956 Studenten gegen den stalinistischen Kurs der KP-Führung und forderten mehr nationale Eigenständigkeit. Als Polizei und Armee auf die Studenten schossen, kam es zum Volksaufstand.

Nachdem die neue Regierung sich gegen den Warschauer Pakt ausgesprochen hatte, griffen Anfang November sowjetische Panzertruppen in Ungarn ein, und es kam zu heftigen Kämpfen. In den nächsten vier Wochen starben allein in Budapest 10 000 Menschen. Ohne die Intervention des Westens war der Aufstand zum Scheitern verurteilt, doch der Westen wollte keinen Krieg mit der UdSSR riskieren. Ende November gab es eine letzte verzweifelte Radiobotschaft: „Uns bleibt nicht mehr viel Zeit … Helft der ungarischen Nation … Helft! Helft! Helft! …“

(*Rechts*) Daniel Sego (Dritter von links) steht auf den Resten einer monumentalen Statue von Josef Stalin. Sego hatte den Kopf vom Rumpf der Statue getrennt.

(*Links*) Ungarische Freiheitskämpfer warten, in einem Budapester Hauseingang versteckt, auf die anrückenden sowjetischen Angreifer, November 1956.

31. Oktober 1956. Kurzer Prozess (*von links nach rechts*): Eine Gruppe von Angehörigen des Geheimdienstes steht ihren Anklägern gegenüber. Ihre Bitte um Gnade war vergebens. Obwohl die Männer jung waren und sich vielleicht eher aus ökonomischen denn aus ideologischen Gründen dem AVH angeschlossen hatten, wurde das Urteil über sie gefällt. Ein Freiheitskämpfer tötet einen Überlebenden der Exekution mit der Pistole.

Volksaufstand in Ungarn 1956

(*Links*) Eine alte Budapesterin weint, als sie die sowjetischen Panzer und Soldaten beobachtet, die gegen den antikommunistischen Aufstand vorgehen, 12. November 1956.

(*Unten*) Ein Offizier zieht seine Pistole, als er auf den Fotografen Jack Esten von der *Picture Post* zugeht, Budapest, 12. November. Die Sowjets waren entschlossen, so wenig Informationen wie möglich über die Ereignisse in die Welt gelangen zu lassen.

(*Oben*) **Russische Panzer in den Straßen von Budapest, November 1956. Diese Bilder lösten im Westen Entsetzen aus, doch man überließ die Ungarn ihrem Schicksal.**

Track 31

Nach der Nationalisierung des **Sueskanals** griffen im Oktober 1956 französische, britische und israelische Truppen Ägypten an. (*Links*) Eine Menge schart sich in Port Said um das Standbild von Ferdinand de Lesseps, dem Erbauer des Sueskanals. Die Franzosen hatten beim Abzug eine Trikolore an Lesseps' ausgestreckter Hand befestigt. (*Oben*) Ein während der Krise 1956 im Sueskanal gefangener Konvoi wartet auf die Weiterfahrt.

Nach einem kurzen Schlagabtausch drängten USA und UN die Briten und Franzosen zum Rückzug. (*Oben*) UN-Truppen rücken hinter den abziehenden Briten in **Port Said** ein, während die Ägypter skandieren „Nasser für immer!“, 24. November 1956.

(*Oben*) Der ägyptische Präsident **Gamal Abd el-Nasser** brachte mit der Verstaatlichung des Sueskanals die britische Regierung von Anthony Eden gegen sich auf und provozierte die britische Invasion. Nassers Erfolg beschleunigte das Ende des Britischen Empire.

Militärisch war die Invasion der Kanalzone ein großer Erfolg. Politisch war sie eine Katastrophe, die Frankreich und Großbritannien jeweils in unversöhnliche Lager von Befürwortern und Gegnern dieser Aktion spaltete. (*Oben*) Britische Soldaten winken beim Abzug aus Sues den **UN-Friedenstruppen** zu, 2. Dezember 1956.

(*Rechts*) Nach Luftangriffen und Beschuss durch britische Einheiten bahnen sich Zivilisten in den Städten am Sueskanal einen Weg durch die **Ruinen**. Bei der Invasion wurden ganze Dörfer verwüstet, obwohl die eigentlichen Kämpfe kaum zwei Wochen dauerten.

1957 wurde Little Aden, wie man es auch nannte, von jemenitischen Einheiten angegriffen, die die Briten vertreiben wollten. (*Oben*) Ein britischer Offizier diskutiert mit einheimischen Soldaten. Die Kämpfe flammten bis zum endgültigen Abzug der Briten 1967 immer wieder auf.

Der Hafen von **Aden** an der Spitze der Arabischen Halbinsel, wo sich Rotes Meer und der Golf von Aden treffen, diente britischen Marineeinheiten lange Zeit als Nachschubbasis. Auch nach dem Zerfall des Britischen Empire behielt Aden eine strategische Bedeutung für Öltransporte aus dem Nahen Osten in den Westen. (*Links*) Eine Rohölraffinerie in Aden.

Nach zweijährigen Verhandlungen wurden am 25. März 1957 die **Römischen Verträge** zur Gründung der Europäischen Wirtschaftsgemeinschaft von Frankreich, der Bundesrepublik Deutschland, Italien, Belgien, Luxemburg und den Niederlanden unterzeichnet. (*Oben*) Die Delegierten bei der Vertragsunterzeichnung in Rom. Zwei Monate später, auf einem NATO-Treffen in Bonn (*rechts*), erklärt US-Außenminister John Foster Dulles, dass die USA ihre Truppen in Europa belassen werden.

Im März 1957 wird die alte britische Kolonie Goldküste in Westafrika unter dem Namen Ghana unabhängig. (*Links*) Vier ghanaische Politiker bei den Unabhängigkeitsfeiern (von links nach rechts): A. Caseley Hayford, Komla Agbeli Gbedemah, **Kwane Nkrumah** und Kojo Botsio. Nkrumah, beliebt bei den abziehenden Briten und der eigenen Bevölkerung, wurde der erste Premierminister des neuen Staates. (*Oben*) Parade in Accra zur Feier von Ghanas Unabhängigkeit, 6. März 1957.

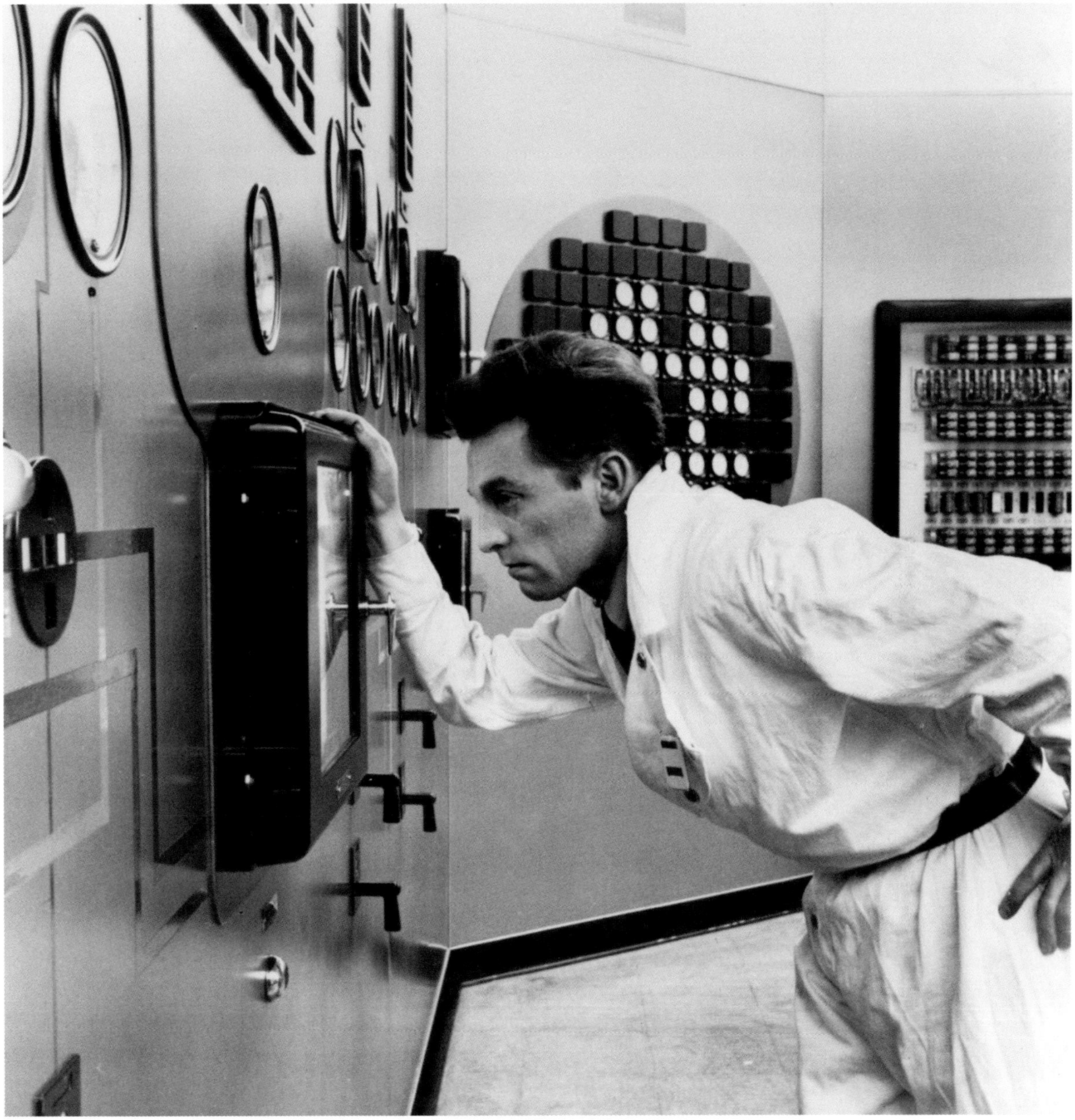

Track 32

Die 1950er bauten auf die während des Zweiten Weltkrieges gemachten technischen und wissenschaftlichen Fortschritte auf. (*Links*) Das riesige Radioteleskop (Durchmesser 80 m) bei **Jodrell Bank**, Cheshire. (*Oben*) Kontrollraum des ersten britischen Atomkraftwerks Calder Hall in **Windscale**, Cumberland, 25. Februar 1957. Innerhalb weniger Jahre nutzten auch die USA und mehrere europäische Länder die Atomenergie.

Am 3. September verweigerte man schwarzen Schülern den Zutritt zur Central High School in **Little Rock**, Arkansas. (*Oben*) Unter dem Befehl von Gouverneur Orval Faubus stehende Männer der Nationalgarde schauen zu, wie Elizabeth Eckford (links) von weißen Eltern bedrängt wird.

Drei Wochen später schickte Präsident Eisenhower Bundestruppen nach Little Rock, um die **Aufhebung der Rassentrennung** an der Schule durchzusetzen. (*Oben*) Bundessoldaten werden von weißen Rassisten verhöhnt.

Track 33

Als in den 1950ern der Wohlstand zunahm, strömten immer mehr Menschen in Kinos, Konzerthallen und Theater. (*Links*) **Laurence Olivier** stolziert als Archie Rice in einer Probe zu John Osbornes *Der Komödiant* über die Bühne, 10. April 1957. (*Oben*) Hunderttausende pilgerten zum Madison Square Garden, um den wortgewaltigen Evangelisten **Billy Graham** predigen zu hören.

Auch die Jugend hatte nun mehr Geld und fand es schick, sich in Lokalen zu treffen und auszugehen. (*Oben*) Ein Pärchen trinkt Pepsi im **Butlin's Ocean Hotel** in Saltdean, Brighton. Mit dabei eine Boxkamera, um die Highlights ihrer Flitterwochen im Bild festzuhalten.

Ende der 1950er kam es in vielen Teilen Europas zu einem Revival des traditionellen New Orleans Jazz. Überall, wo sich die in Dufflecoats gekleideten Fans versammelten, hörte man die Songs von Buddy Bolden, Jelly Roll Morton und W. C. Handy. (*Oben*) Ein **Riverboatshuffle** auf einer Fähre nach Calais, 3. Juni 1957. Besonders originell: der aus einer Teekiste gebastelte Kontrabass.

Die Geburt der LP führte zu einem Verkaufsboom klassischer Musikaufnahmen und in Folge zu großem Interesse an Livekonzerten. (*Oben*) Der Dirigent **Wolfgang Sawallisch** bei einer Probe für die Festspiele in Bayreuth. (*Links*) Der Cellist **Pierre Fournier**, aufgenommen von Erich Auerbach. (*Rechts*) Der deutsche Komponist **Paul Hindemith** bei einer Pressekonferenz in München, 7. August 1957.

Selbstbewusst präsentierte die **Haute Couture** ihre Entwürfe auf Straßen, Laufstegen und den Seiten der Hochglanzmagazine. (*Oben*) Das Model Bronwen Pugh, die spätere Lady Astor, in einem „kleinen Schwarzen" in Paris. (*Links*) Eine von Aubry für einen Pariser Rosenmontagsball entworfene Gazellenmaske.

(*Links*) Ein Modell des Satelliten Sputnik 1 wurde auf der Weltausstellung in Brüssel gezeigt, April 1958. (*Rechts*) Fred l. Whipple (links) und Josef A. Hynek ermitteln am Smithsonian Astrophysical Observatory der Harvard University in Cambridge, Massachusetts, die Umlaufbahn von Sputnik 1, Oktober 1957.

Es stand zwar nicht in den Sternen geschrieben, doch Wissenschaftler und Ingenieure waren sich zunehmend sicher, bald die „letzte Grenze" überschreiten und ins Weltall vordringen zu können. Am 4. Oktober 1957 war es so weit, der erste von Menschen gebaute Satellit wurde gestartet. Ost und West hatten sich einen teuren Wettlauf geliefert, doch die UdSSR konnte den Triumph für sich verbuchen und kam mit Sputnik 1 den USA um drei Monate zuvor. Der amerikanische Satellit Explorer 1 folgte am 1. Februar 1958. Was die US-Wissenschaftler erstaunte und Wernher von Braun (*rechts*), den Direktor der US Ballistic Missile Agency, sichtlich deprimierte, war das achtfach höhere Gewicht des Sputnik (83,5 kg) im Vergleich zum Explorer. Der russische Erfolg heizte die Ost-West-Rivalität in den kommenden zwölf Jahren zusätzlich an.

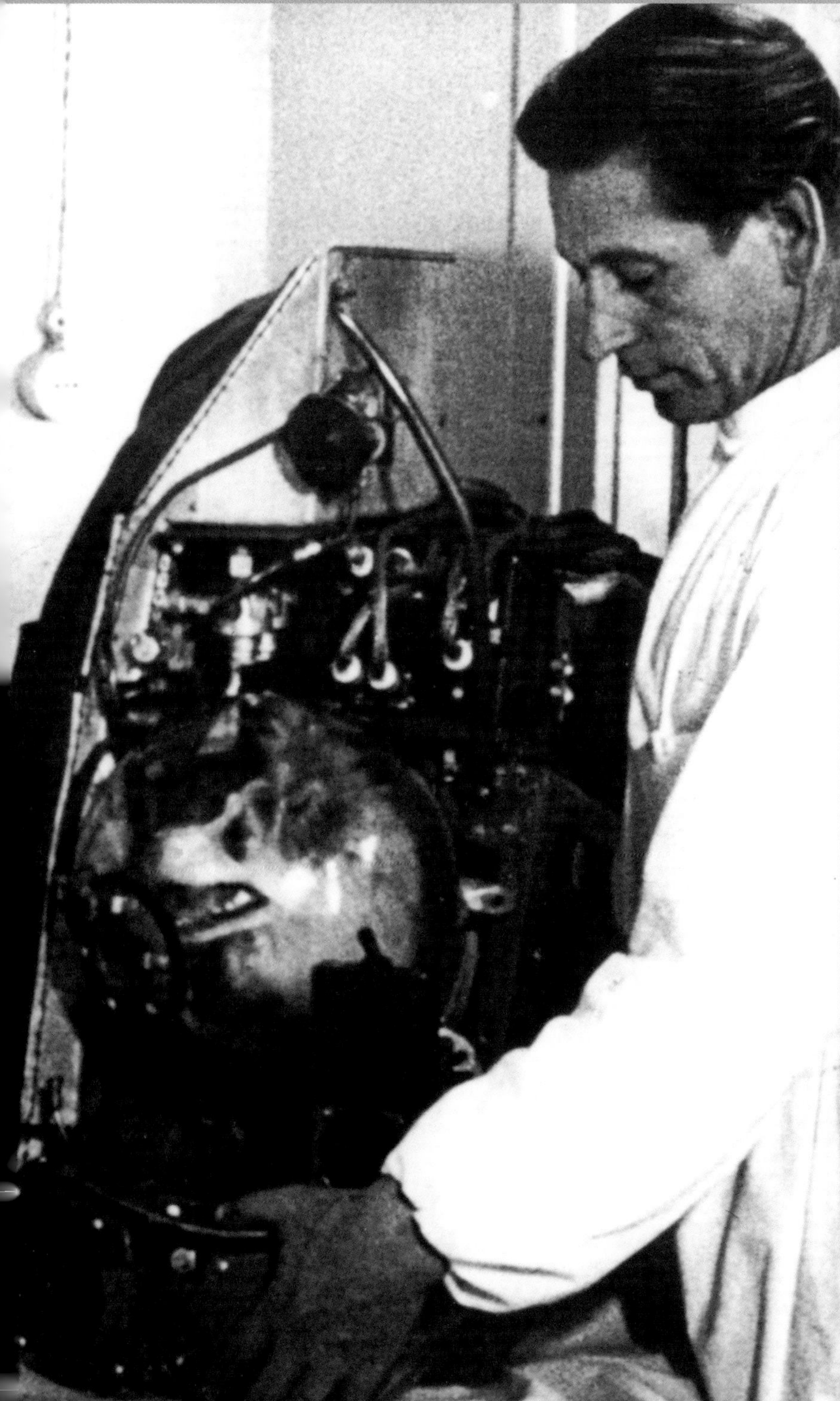

Nur einen Monat nach dem Pionierflug von Sputnik 1 startete die UdSSR Sputnik 2 mit Laika (*rechts*) als Passagier an Bord, einer in den Straßen Moskaus eingefangenen Hündin. Laika wurde berühmt, eine Heldin der Sowjetunion, sogar eine Zigarettenmarke wurde nach ihr benannt (*oben*). Die Hündin überlebte die Reise nicht, sie verglühte mit ihrer Raumkapsel (*links*) beim Wiedereintritt in die Erdatmosphäre.

Besser gelaunt posiert Wernher von Braun (*oben*) neben einem Modell des US-Satelliten Explorer 1. (*Rechts*) Der Explorer hebt von Cape Canaveral in Florida ab, 1. Februar 1958. Einen Monat später verkündete von Braun dann, dass die US-Raumforschung „mehrere Jahre" hinter der UdSSR im Rückstand lägen.

Im Sommer 1958 starteten die USA von Cape Canaveral aus eine Reihe von Mondsonden. Der erste Start (*oben*) fand im August statt, doch die Rakete explodierte bereits 77 Sekunden nach dem Abheben. Im Januar 1959 verfehlte Lunik 1 den Mond um 9655 km, doch im September traf Lunik 2 am Ziel ein.

7. Februar 1958: Matt Bubsy, Trainer von **Manchester United**, instruiert sein Team (*links*) vor dem Europacup-Spiel gegen Roter Stern Belgrad. Stunden später stürzte die Maschine der Mannschaft auf dem Heimflug am **Flughafen München** (*oben*) ab. (*Rechts*) Der verletzte Bobby Charlton in einem Münchner Krankenhaus. Acht englische Fußballer und 13 andere Passagiere kamen bei dem Absturz ums Leben.

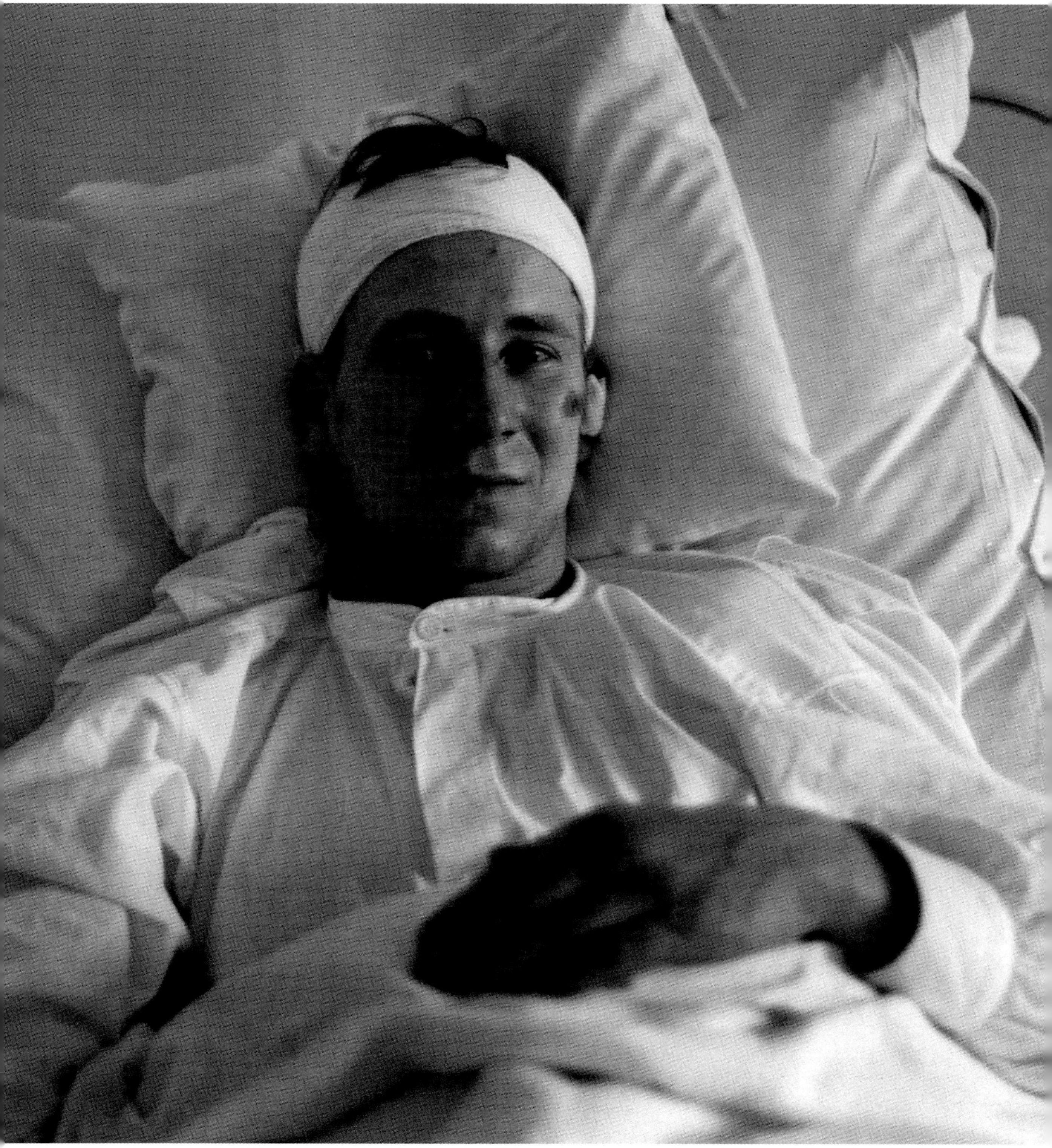

Im März 1958 zog die US-Armee **Elvis Presley** ein. (*Rechts*) Im Einberufungszentrum wird Presley vereidigt. (*Ganz rechts*) Der Gefreite Presley marschiert zu den Unterkünften im Fort Chaffee Reception Center. (*Oben*) Elvis in seiner Ausgehuniform in in einem ruhigen Moment. Er sollte mehr Zeit an seiner Gitarre als am Gewehr verbringen.

U.S. ARMY
U.S. ARMY

Im Februar 1958 formierte sich die Abrüstungsinitiative **Campaign for Nuclear Disarmament** (Kampagne für nukleare Abrüstung). Zwei Monate später organisierte die CND den ersten Ostermarsch von London zum Kernwaffenforschungszentrum in Aldermaston. (*Rechts*) Demonstranten auf einer fast autofreien Straße, 4. April 1958. (*Oben*) Drei Tage später kamen die Ostermarschierer regendurchnässt in Aldermaston an.

MARCH FROM
LONDON
TO
ALDERMASTON
TWICKENHAM

Track 36

Die **Expo 58**, die Weltausstellung in Brüssel, wurde am 17. April 1958 nach dreijähriger Bauzeit eröffnet. Es war die erste Weltausstellung nach dem Zweiten Weltkrieg. Mehr als 42 Millionen Besucher kamen, viele eigens, um das Atomium (*links*), ein gigantisches Modell eines Eisenkristalls, zu bewundern. Jede der neun Kugeln symbolisiert ein Atom. Die Sowjetunion (*oben*) präsentierte sich mit dem Modell eines Weltraumsatelliten und der unvermeidlichen Leninstatue.

CIRCULATION ROUTIERE
CIRCULATION ROUTIERE

Im Mai 1958 kam es unter Führung von **General Massu** (*rechts*) zu einem Putsch französischer Offiziere und Siedler in **Algerien**. Sie befürchteten, die französische Regierung würde der Forderung der Algerier nach Unabhängigkeit nachgeben. (*Links*) Französische Militärpolizisten versuchen während Massus Revolte, in den Straßen von Algier für Ordnung zu sorgen.

RF

Einen Monat nach der Revolte in Algier übertrug die französische Regierung **General de Gaulle** (*links*) die Sondervollmachten, die dieser zur Führung Frankreichs gefordert hatte. (*Rechts*) De Gaulle besucht Algier. Die *pieds-noirs* (Algerienfranzosen) begrüßten ihn zunächst freudig, betrachteten ihn später aber als Verräter, als er Algeriens Unabhängigkeit zustimmte.

TV
TELEFUNKEN
TELEFUNKEN

Die **Fußballweltmeisterschaft 1958** war ein Triumph für Brasilien, das Schweden beim Finale in Stockholm mit 5:2 besiegte, 29. Juni 1958. (*Links*) Edson Arantes do Nascimento, besser bekannt als **Pelé**, im Zweikampf mit dem schwedischen Torhüter Kalle Svensson im Strafraum. (*Oben*) Die siegreichen Brasilianer schwenken bei ihrer Ehrenrunde nach dem Spiel schwedische Fahnen.

Am 24. August 1958 griff ein Mob weißer Jugendlicher in **Notting Hill** in London fünf Schwarze an. Sechs Tage später lieferten sich rund 200 Schwarze und Weiße eine nächtliche Straßenschlacht. (*Oben*) Ein Polizeiwachtmeister weist einen schwarzen Einwohner von Notting Hill zurecht.

Die Gewalt eskaliert. In der Nacht vom 31. August randalierten in Notting Hill 400 Weiße. In der Nacht darauf griffen mehr als 2000 weiße Männer, Frauen und Jugendliche überwiegend von Schwarzen bewohnte Viertel an. (*Oben*) Diese **vier Jugendlichen** hatten sich nach den Unruhen im West London Police Court in Untersuchungshaft befunden.

Am 9. Oktober 1958 starb **Papst Pius XII.** in Castel Gandolfo. Er war seit März 1939 im Amt, und viele betrachteten ihn als Heiligen, ungeachtet seiner viel kritisierten Haltung gegenüber den Nazis. (*Oben*) Menschenmassen drängen sich, um den im Vatikan aufgebahrten Leichnam zu sehen. Der neu gewählte **Papst Johannes XXIII.** war ein herzlicherer und kontaktfreudigerer Papst als der asketische Pius. (*Rechts*) Ein Insasse des Regina-Coeli-Gefängnisses in Rom küsst dem neuen Papst die Hand, 27. Dezember 1958.

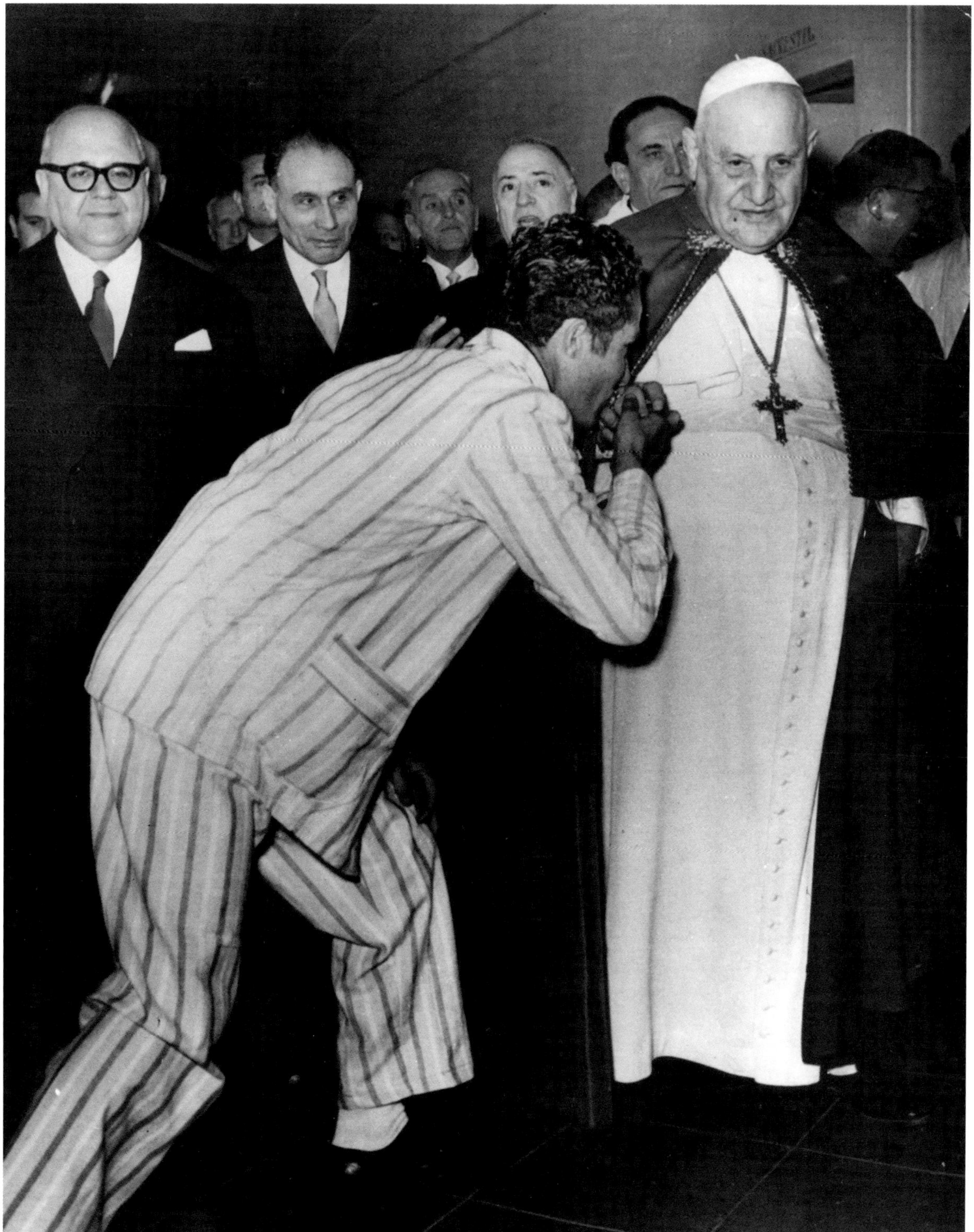

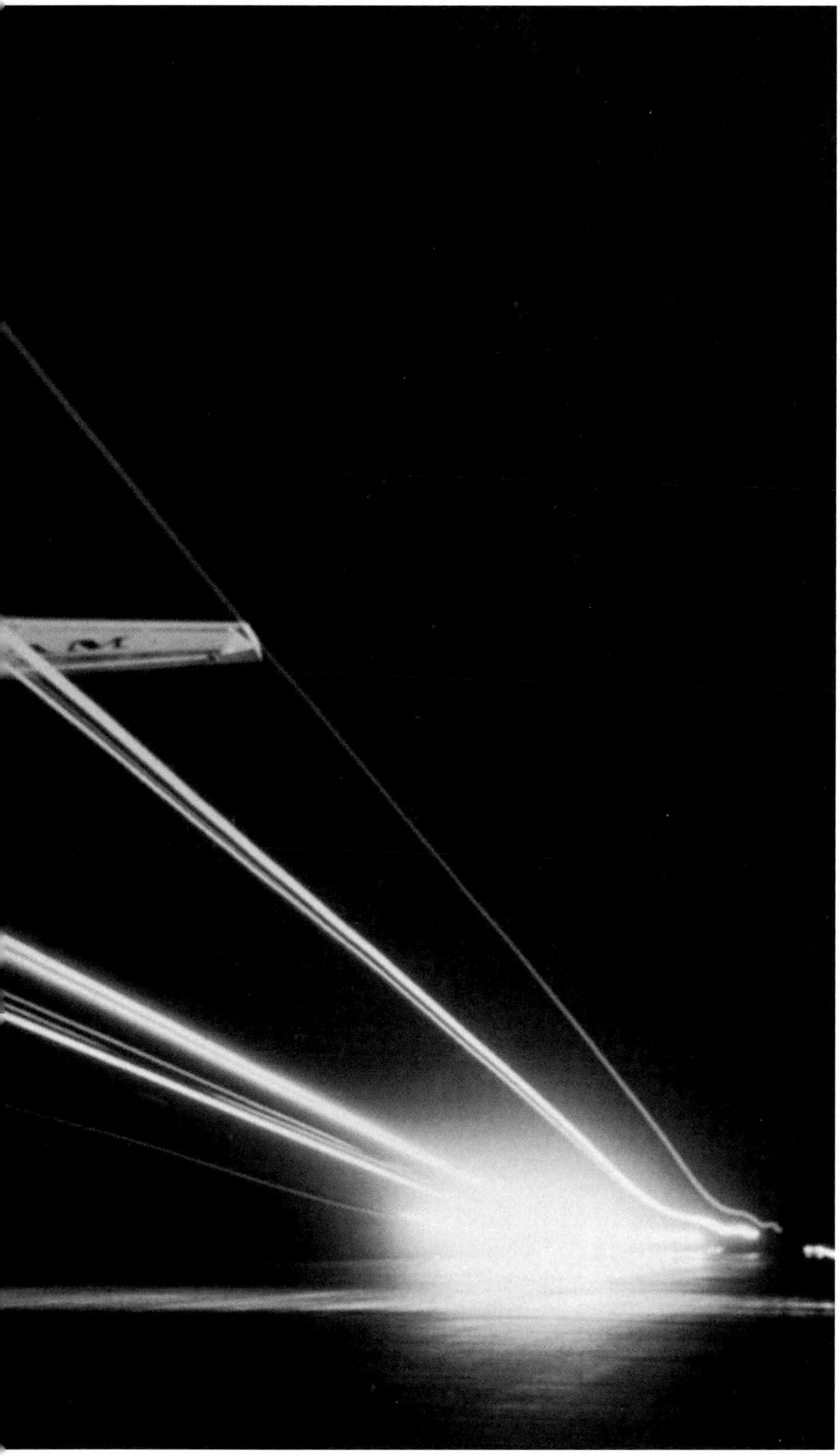

Die **Boeing 707** war zwar nicht das erste Passagierflugzeug mit Düsenantrieb, doch sie machte am 26. Oktober 1958 Geschichte, als die Pan Am ihre erste Transatlantikverbindung zwischen New York und Paris einrichtete. Ein etwas gewagtes Unternehmen, denn die Reichweite der 707 deckte gerade eben die Distanz zwischen Amerika und Europa ab. (*Links*) Eine Boeing 707 beim Start.

Track 37

Der Erfolg des **amerikanischen Automobildesigns** hielt während der 1950er an. Die Verkaufszahlen stiegen stetig, das Benzin war so billig wie nie, und in den Vorstandsetagen von Detroit freute man sich. (*Oben*) Am Lenkrad eines 1958er-Chrysler wird ein Autopilotgerät mit Tempomat befestigt.

Track 38

Eine Hälfte des amerikanischen Traums – das schmucke Häuschen und die sommersprossigen Kinder fehlen – das adrette Paar und der „flotte Schlitten" sind bereits vorhanden. Das Modelpärchen posiert für eine Werbeaufnahme mit einer **Chevrolet XP-700 Corvette**, einem der schicksten Autos im Jahr 1958.

(*Oben*) Das Museum of Modern Art in New York präsentiert in einer Retrospektive das Werk von **Hans Arp**, Oktober 1958. (*Rechts*) Die Park Avenue Towers: Das von **Ludwig Mies van der Rohe** und Philip Johnson entworfene Seagram Building, rechts daneben das Lever House.

Nachdem marxistische Guerilleros unter Führung von Fidel und Raul Castro, Che Guevara, Camilo Cienfuegos und Jaime Vega schon fünf Jahre gegen die korrupte Regierung Fulgencio Batistas gekämpft hatten, kamen sie 1958 aus ihren Verstecken in den Bergen, um wichtige Städte anzugreifen. Am 31. Dezember fiel Santa Clara an die Guerilleros, und Batista floh aus Kuba. Am 2. Januar 1959 eroberten Castros Truppen Santiago de Cuba, während Guevara und Cienfuegos in Havanna einmarschierten. Kirchenvermögen wurde konfisziert, und zahlreichen Anhängern Batistas wurde öffentlich der Prozess wegen Menschenrechtsverletzungen und Kriegsverbrechen gemacht. Kuba, zuvor Tummelplatz reicher Amerikaner, wurde in den Augen der USA quasi über Nacht zu einem gefährlichen Vorposten des Kommunismus.

Auf dem Weg nach Havanna. (*Oben*) Kämpfer der Bewegung des 26. Juni lauschen einer Siegesbotschaft von Fidel Castro. (*Rechts*) Castro (mit Brille und Zigarre) mit Zeitungen, die über die Erfolge der Revolution berichten, auf seinem Weg von der Sierra Maestra nach Havanna, 5. Januar 1959.

Später, als ihr Erfolg sicher schien, wurde die Revolution vielfältig in Aufnahmen dokumentiert. Bilder ihrer Helden und Kämpfer wurden auf der ganzen Welt verbreitet. (*Oben*) Camilo Cienfuegos (Mitte) zieht in Havanna ein. (*Links*) Che Guevara, 7. Januar 1959. (*Rechts*) Raul Castro bei einer Siegesfeier einige Monate später. (*Ganz rechts*) Fidel Castro wird als Held begrüßt.

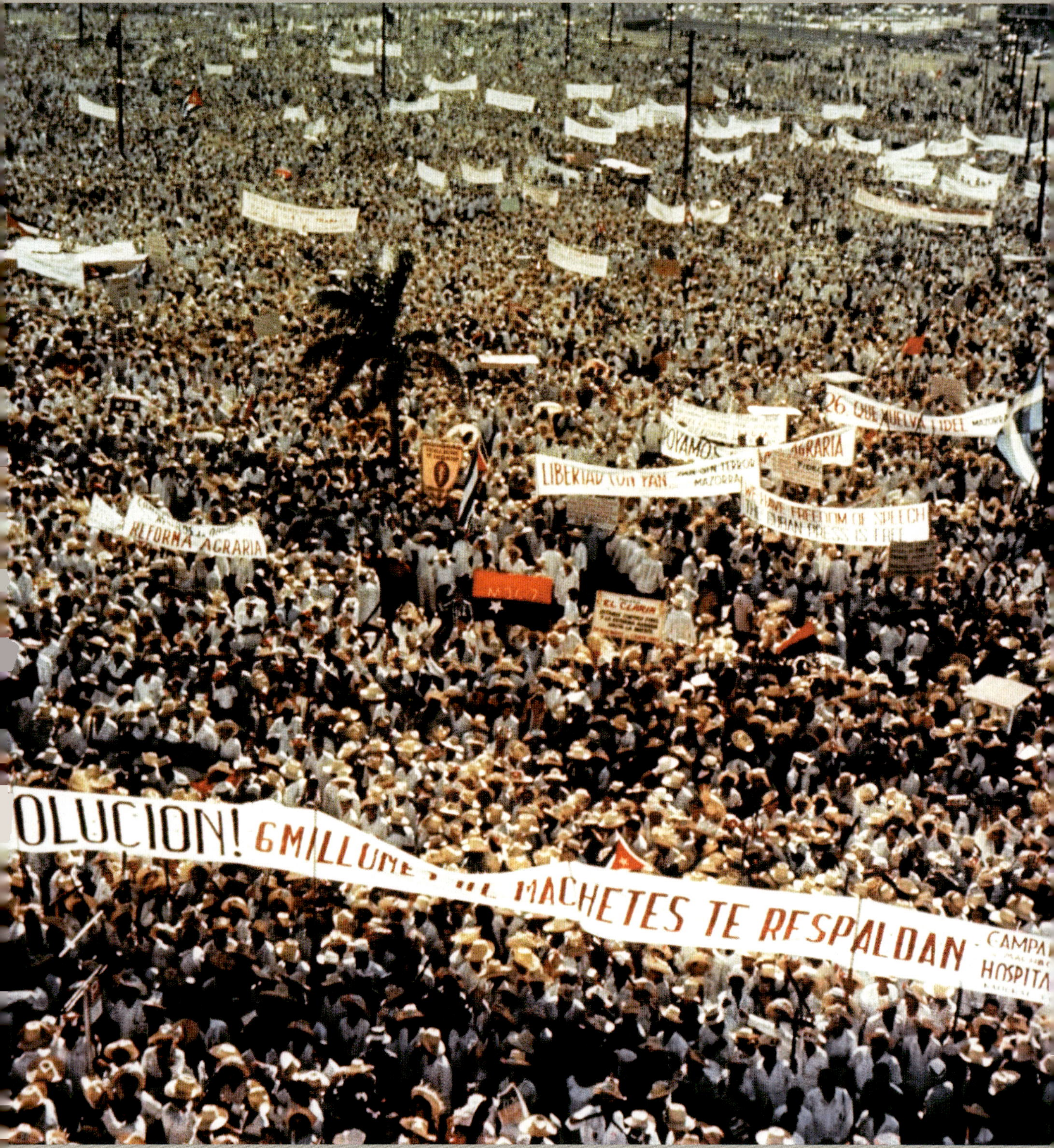
REFORMA AGRARIA
LIBERTAD CON PAN
MAZORRA
26 QUE VUELVA FIDEL
EL CLARIN
OLUCION! 6MILLONE
MACHETES TE RESPALDAN
CAMPA
HOSPITA

(*Oben*) Vom Dach des Hilton Hotel blickt Fidel Castro (rechts) auf Havanna und plant dabei vielleicht. (*Rechts*) Die Kubaner begrüßen den Anbruch einer neuen Ära, Januar 1959. (*Links*) Am 26. Juli 1959, sechs Jahre nach dem Beginn der Revolution mit dem Angriff auf die Moncada-Kaserne, spricht Castro in Havanna zu einer riesigen Menschenmenge.

s the Scotch
2A

Nach und nach musste das alte Britische Empire fast überall seine Flagge einholen. Am 1. März 1959 kehrte **Erzbischof Makarios III.**, Anführer der griechischen Nationalisten, nach drei Jahren in britischem Exil nach Zypern zurück. Man forderte die **Enosis**, den Anschluss an Griechenland, das Zypernabkommen sah jedoch eine griechisch-türkische Herrschaft vor. (*Links*) Makarios in London, Februar 1959. (*Oben*) Zyprioten bejubeln die Rückkehr von Makarios, 4. März 1959.

In **Rhodesien** konnten sich die Weißen bis gegen Ende der 1970er an der Macht halten. 1959 kam es in Nordrhodesien nach der Verhaftung von Hastings Banda zu Unruhen, die vom ANC unterstützt wurden. (*Links*) Bewaffnete afrikanische Arbeiter am **Karibadamm** treten in den Streik. (*Oben*) Angehörige der rhodesischen Streitkräfte an einem Kontrollposten während der Unruhen, Februar 1959.

HAWAII
50
THE PINEAPPLE STATE

(Links) Am 21. August 1959 wurde Hawaii der 50. Bundesstaat der USA, trotz Widerstand der Plantagenbesitzer. Präsident Eisenhower wünschte ihm „Wohlstand, Sicherheit und Glück“. **Eine junge Hawaiianerin** hält eine Fahne, um ihre Zustimmung zur guten Nachricht auszudrücken.

(Oben) **Einwohner Hawaiis** feiern auf der Straße die Aufnahme in die Vereinigten Staaten von Amerika. In einem Referendum zwei Monate zuvor hatte die Bevölkerung von Hawaii mit einem Verhältnis von 17:1 dafür gestimmt, der 50. Staat der USA zu werden.

Die **„Küchendebatte“** zwischen dem sowjetischen Premier Nikita Chruschtschow und dem US-Vizepräsidenten Richard Nixon fand in einer amerikanischen Musterküche anlässlich der American National Exhibition in Moskau im Juli 1959 statt. Chruschtschow war entsetzt über die präsentierten Apparate und fragte, ob es auch eine Maschine gebe, die einem „das Essen in den Mund schiebt“. Nixon unterstützte einen nichtmilitärischen Technologiewettbewerb und sagte: „Mit modernen Waffen macht es keinen Unterschied, wenn es zum Krieg kommt, dann trifft es beide Seiten.“

Track 40

Salopp gesagt – „das ging in die Hose“. **„Payola“** setzte 1959 der Radiokarriere von DJ Alan Freed (*rechts*) ein Ende, er hatte sich für das Abspielen bestimmter Platten bezahlen lassen. **Charles Van Doren** gewann 138 000 Dollar in der TV-Quizshow *Twenty One*, nachdem ihm die Programmverantwortlichen die richtigen Antworten und entsprechende Anweisungen gegeben hatten. (*Links*) Van Doren vor einem Untersuchungsausschuss.

Ben Hur, der Blockbuster von 1959, gewann sechs Oscars, unter anderem als bester Film und für die Regie von William Wyler. (*Rechts*) Charlton Heston schwingt als Ben Hur die Peitsche. (*Links*) Sammy Davis jr. als Sporin' Life in der von Samuel Goldwyn produzierten Filmversion von George Gershwins ***Porgy und Bess***.

C1724-2

Märchenhafte Glitzerkleider: (*Links*) Mit 53 Jahren tritt **Josephine Baker** im Pariser Olympia auf, März 1959. (*Rechts*) Die 22-jährige **Shirley Bassey** bei einem Auftritt. Es war das Jahr ihres Hits *As Long As He Loves Me* aus Lionel Barts Musical *Oliver!*

Eine Weitwinkelaufnahme des **Guggenheim-Museums** in New York. Der Architekt Frank Lloyd Wright, er starb am 9. April 1959, sagte über sein Werk: „Hier ist das Ideal, das ich für die Architektur des Maschinenzeitalters vorschlage ... so sollte sich die ideale amerikanische Architektur entwickeln ...“

Track 41

Die Erforschung des Weltraums ging mit mehr oder weniger freiwilligen Beteiligten weiter. (*Rechts*) **Astronaut Donald Slayton** aus dem Mercury-Programm auf einem Simulator für Schwerelosigkeit in der Luftwaffenbasis Langley, Virginia. Wegen unregelmäßiger Herztätigkeit war er der Einzige der siebenköpfigen Mannschaft, der nicht an der Mission 1962 teilnehmen konnte. (*Links*) Der **Rhesusaffe Sam** nach seiner Rückkehr zur Erde, 10. Dezember 1959

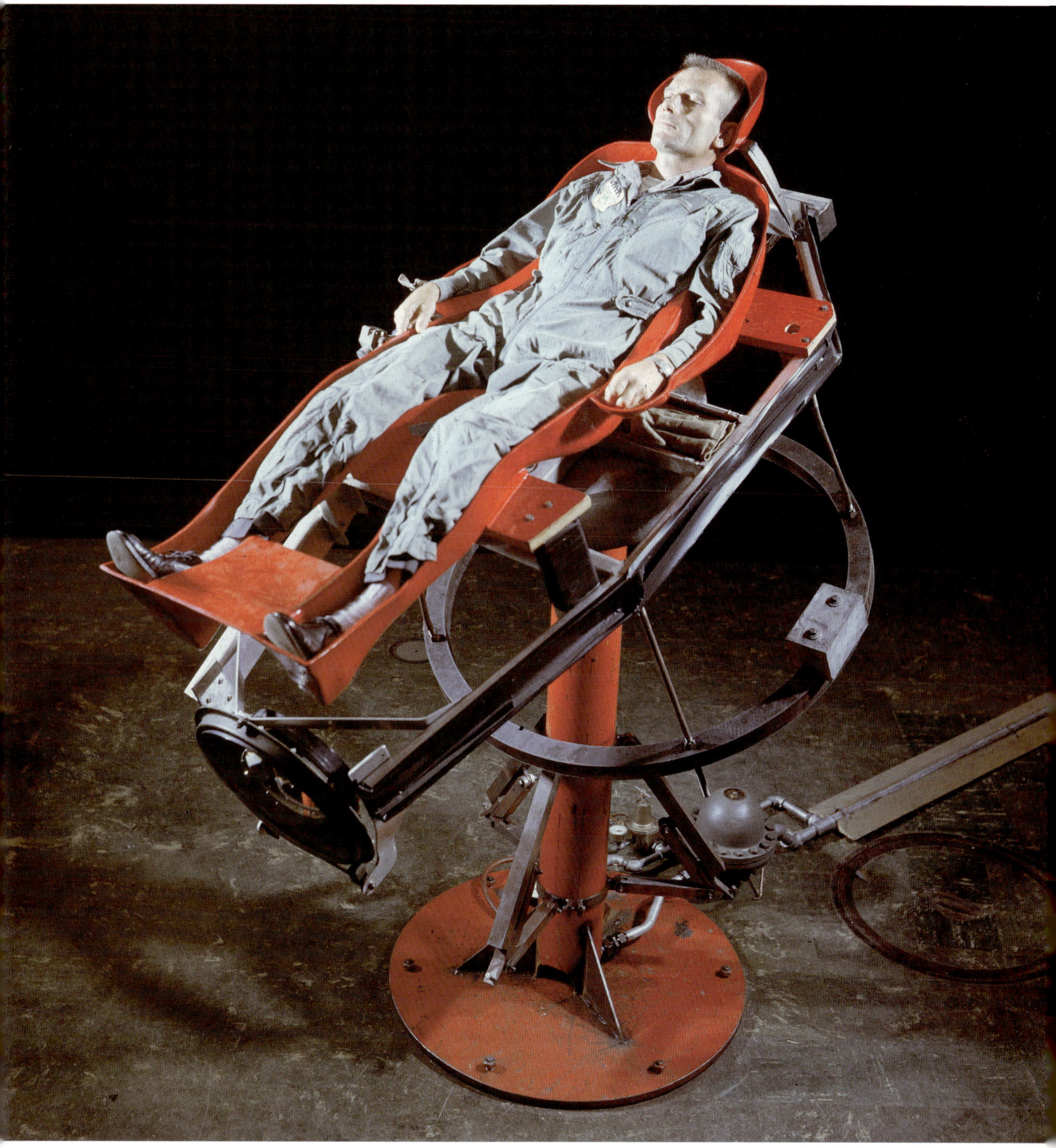

Register

Die Seitenzahlen beziehen sich auf Textstellen.